Gudrun Spitta / Karin Vach

Bedeutende Frauen und ungewöhnliche Männer

Ein Lexikon für Schulkinder

in Zusammenarbeit mit

Pit Berbüsse, Silke Brandt, Birgit Brase,
Agnes Gawol, Daniela Herzog, Cornelia Huhndorf,
Maria Kejo, Heike Lehmkuhl, Melanie Lührsen

Kallmeyer

Die Deutsche Bibliothek – CIP-Einheitsaufnahme
Ein Titeldatensatz für diese Publikation ist bei der Deutschen Bibliothek erhältlich

Impressum
Spitta, Gudrun; Vach, Karin u. a.: Bedeutende Frauen und ungewöhnliche Männer
Ein Lexikon für Schulkinder

© 2002 Kallmeyersche Verlagsbuchhandlung GmbH, D-30926 Seelze-Velber
Alle Rechte vorbehalten
Realisation: Maik Dopheide / Friedrich Medien-Gestaltung
Titel: Maik Dopheide
Druck: Stiller GmbH
Printed in Germany
ISBN: 3-7800-2037-8

BILDNACHWEISE
Archiv für Kunst und Geschichte (AKG), Berlin
Hildegard von Bingen, Henry Dunant, Sofja Kowalewskaja, Rosa Luxemburg, Maria Sibylla Merian, Sitting Bull

Bildarchiv Preußischer Kulturbesitz (bpk), Berlin
Bettina von Arnim, Marie Curie, Irène Joliot-Curie, Wilhelm Kaisen, Lise Meitner, Maria Anna Mozart, Alexander S. Neill, Albert Schweitzer

Deutsche Presse-Agentur (dpa), Frankfurt
Pina Bausch, Thomas Beckmann, Karlheinz Böhm, Charlie Chaplin, Dalai Lama, Phoolan Devi, Waris Dirie, Hermann Gmeiner, Jane Goodall, Christina Haverkamp, Lotti Huber, Earvin Johnson, Andreas Kammerbauer, Janusz Korczak, Nelson Mandela, Rigoberta Menchu, Pablo Neruda, Andrej Sacharow, Niki de Saint Phalle, Anna Seghers, Henry David Thoreau, Ernst Ulrich von Weizsäcker, Virgina Woolf, Klaus von Wrochem, Muhammad Yunus

Peter Peitsch (peitschphoto.com)
Marion Gräfin Dönhoff

Süddeutscher Verlag, Bilderdienst
Maria Goeppert-Mayer, Barbara McClintock, Leyla Zana

Ullstein Bilderdienst, Berlin
Mary Read, Mary Sommerville

Annette Weber
Rüdiger Nehberg

David Ausserhofer
Seite 44, 53

INTERNETHINWEIS
Hinweise für die Planung von Unterricht bzw. Berichte über Unterricht mit dem Lexikon können unter www.kallmeyer.de abgerufen werden.

Inhaltsverzeichnis

Personenverzeichnis 4

Vorwort für Mädchen und Jungen 6

Bedeutende Frauen 7

Ungewöhnliche Männer 35

Vorwort für Eltern, Lehrerinnen und Lehrer 63

Kurzbiografien bedeutender Frauen 64

Kurzbiografien ungewöhnlicher Männer 80

Personenverzeichnis

Bedeutende Frauen

Bettina von Arnim	WIRBELWIND	8
Pina Bausch	TÄNZERIN	9
Hildegard von Bingen	ÄBTISSIN	10
Marie Curie	FORSCHERIN	11
Phoolan Devi	BANDITIN	12
Waris Dirie	MODEL	13
Marion Gräfin Dönhoff	ZEITUNGSCHEFIN	14
Maria Goeppert-Mayer	ZWIEBELHEILIGE	15
Jane Goodall	AFFENMUTTER	16
Christina Haverkamp	ABENTEURERIN	17
Lotti Huber	LEBENSKÜNSTLERIN	18
Diana Jäger	LOKOMOTIVFÜHRERIN	19
Irène Joliot-Curie	FORSCHERIN	20
Sofja Kowalewskaja	MATHEMATIKERIN	21
Rosa Luxemburg	POLITIKERIN	22
Barbara McClintock	GENFORSCHERIN	23
Lise Meitner	ATOMFORSCHERIN	24
Rigoberta Menchu	INDIANERIN	25
Maria Sibylla Merian	MALERIN	26
Christina Moll	MANAGERIN	27
Maria Anna Mozart	MUSIKERIN	28
Mary Read	PIRATIN	29
Niki de Saint Phalle	BILDHAUERIN	30
Anna Seghers	DICHTERIN	31
Mary Sommerville	FORSCHERIN	32
Virgina Woolf	DICHTERIN	33
Leyla Zana	POLITIKERIN	34

Ungewöhnliche Männer

Thomas Beckmann	MUSIKER	36
Karl-Heinz Böhm	MENSCHENRECHTLER	37
Charlie Chaplin	FILMKÜNSTLER	38
Dalai Lama	BUDDHISTISCHER WEISER	39
Henri Dunant	ROTE-KREUZ-GRÜNDER	40
Heinz Erven	BIO-PARADIES-GRÜNDER	41
Hermann Gmeiner	SOS-KINDERDÖRFER-GRÜNDER	42
Walter Herrmann	PROTESTKÜNSTLER	43
Walter Homberg	WUNSCHVATER	44
Earvin „Magic" Johnson	BASKETBALLPROFI	45
Wilhelm Kaisen	BÜRGERMEISTER	46
Andreas Kammerbauer	POLITIKER	47
Janusz Korczak	KINDERARZT	48
Nelson Rolihlahla Mandela	POLITIKER	49
Rüdiger Nehberg	ABENTEURER	50
Alexander S. Neill	SCHULE-OHNE-HAUSAUFGABEN-GRÜNDER	51
Pablo Neruda	DICHTER	52
Michael Ohl	BIO-GÄRTNER	53
Andrej Sacharow	ATOMFORSCHER	54
Albert Schweitzer	ARZT IN AFRIKA	55
Sitting Bull	INDIANERHÄUPTLING	56
Henry David Thoreau	FREIDENKER	57
Georgos Vithoulkas	NATURHEILARZT	58
Waschaki	INDIANERHÄUPTLING	59
Ernst Ulrich von Weizsäcker	FORSCHER	60
Klaus von Wrochem	STRASSENMUSIKANT	61
Muhamad Yunus	BANKGRÜNDER	62

Liebe Mädchen, liebe Jungen,

herzlichen Glückwunsch zu diesem Buch! Ihr haltet ein ganz besonderes Buch in euren Händen. Ein Lexikon bedeutender Frauen und ungewöhnlicher Männer für Schulkinder. Das hat es bisher noch nicht gegeben. In diesem Lexikon stehen gleich viel Frauen und Männer. Das soll etwas Besonderes sein? Schaut einmal in andere Lexika hinein. Dort werden immer mehr Männer als Frauen beschrieben.

Alle Frauen und Männer in diesem Lexikon haben in ihrem Leben etwas Besonderes geleistet. Manche sind dadurch berühmt geworden, andere nicht.
Manche haben Preise bekommen, andere nicht. (Einige von den Frauen und Männern haben die höchste Auszeichnung auf dieser Welt bekommen: den Nobel-Preis.) Ob berühmt oder nicht, war uns egal. Entscheidend war, dass alle ihren Traum von einem guten Leben auf dieser Erde in die Tat umgesetzt haben. Das ist vielen nicht leicht gefallen. Manche mussten dafür kämpfen. Andere mussten ihre Ideen zuerst heimlich ausprobieren oder fanden nicht gleich den richtigen Weg. Manche kamen dafür zeitweilig ins Gefängnis. Aber allen war ihr Ziel so wichtig, dass sie sich nicht haben entmutigen lassen.

Ihr werdet in den Lebensgeschichten eine ganze Reihe besonderer Berufe kennen lernen: Piratin, Lokführerin, Affenforscherin, Zeitungschefin, Abenteurerin … oder Basketballprofi, Straßenmusikant, Filmkünstler, Menschenrechtler sowie „Schule-ohne-Hausaufgaben"-Gründer …
Manche der Frauen und Männer leben noch. Ihr könntet ihnen im Fernsehen, in Büchern, in Zeitungen oder auf der Straße begegnen.

Das Lexikon hat zwei Teile. In der ersten Hälfte stehen die Lebensgeschichten der Frauen und Männer so aufgeschrieben, dass ihr sie gut lesen könnt. Hier erzählen sie euch „ganz privat" aus ihrem Leben. Im zweiten Teil findet ihr in einer kleineren Schrift weitere Informationen. Diese Texte sind für eure Eltern oder LehrerInnen gedacht, damit sie euch auf Fragen antworten können. Aber natürlich könnt ihr sie auch lesen.

Wir wünschen euch viel Spaß beim Lesen. Und wenn ihr selber eine tolle Frau oder einen tollen Mann entdeckt, schreibt alles auf, was euch dazu wichtig ist.
Ihr könnt so selber euer privates Lexikon zusammenstellen. Oder schickt euren Text an uns, dann machen wir vielleicht zusammen einen zweiten Band.

Eure Projektgruppe Lexikon

Bedeutende Frauen

Bettina von Arnim

Ich wurde 1785 in Frankfurt am Main geboren. Als ich acht Jahre alt war, starb meine Mutter. Vier Jahre später starb auch noch mein Vater. Deshalb ging ich mit meinen Schwestern auf eine Klosterschule. Danach wohnten wir bei unserer Großmutter.

„Wirbelwind" sagten sie zu mir, manchmal auch „Nervensäge". Ich konnte nicht stillsitzen. Außerdem musste ich immer etwas zu lesen haben. Die Bücher von Goethe, dem berühmten Dichter, fand ich besonders toll. Ich liebte Goethe, obwohl er fast 40 Jahre älter war als ich. Ich schrieb ihm Briefe. Und er antwortete mir! So entstand eine richtige Brieffreundschaft. Später veröffentlichte ich unsere Briefe in einem Buch. Es wurde sehr berühmt.

Mit 26 Jahren heiratete ich den Dichter Achim von Arnim. Wir führten ein aufregendes Leben. Manchmal lebten wir auf dem Land und manchmal in Berlin. Ich bekam sieben Kinder mit ihm. Vor lauter Hausarbeit hatte ich jetzt keine Zeit mehr zum Schreiben. Wir waren 20 Jahre verheiratet, als Achim starb. Ich war sehr traurig. Die Kinder waren inzwischen groß. So begann eine neue Zeit für mich: Ich schrieb und schrieb und schrieb.

Außerdem besuchte ich zusammen mit einem Arzt die Armen in ihren schlechten Wohnungen vor den Toren von Berlin. Ich sammelte Geld für Kleidung, Lebensmittel und Medikamente gegen die schlimmen ansteckenden Krankheiten. Über all das Elend schrieb ich ein Buch. Das war sehr mutig, denn solche Bücher waren verboten. Ich benutzte einen Trick: Ich schenkte mein Buch dem König, damit er es nicht verbieten konnte. Der König wohnte in einem großen Schloss in Berlin. Er sollte nicht länger weggucken, in welcher Not die Armen lebten. Er sollte ihnen Essen, gute Wohnungen und Medizin geben.

Ich schrieb noch viele solcher Bücher und Briefe. Einmal wäre ich deshalb fast ins Gefängnis gekommen. Ich war eben immer ein Wirbelwind.

Pina Bausch

Ich wurde 1940 in Solingen geboren. Meine Eltern hatten eine Gaststätte. Dorthin kamen auch Leute vom Theater. Sie fanden mich gelenkig und luden mich deshalb in ein Ballettstudio ein. Ich hatte gar keine Ahnung vom Ballett und machte einfach nur das, was die anderen Kinder auch taten. So sollten wir zum Beispiel auf dem Bauch liegen und die Beine hinten an den Kopf legen. Ich schaffte es sofort und die Lehrerin lobte mich sehr. Darüber war ich glücklich. Vielleicht fing da meine Begeisterung für den Tanz an.

Ich wurde tatsächlich Tänzerin und später sogar Leiterin von Ballettaufführungen. Diesen Beruf nennt man Choreographin. Ich erfinde neue Ballettstücke. Ich bin die wichtigste Choreographin der Welt geworden, denn ich habe eine ganz neue Art des Balletts erfunden. Es ist das Tanztheater. In vielen Ländern wird jetzt nach meiner Art getanzt. Früher mussten alle BalletttänzerInnen nach einem Drehbuch die festgelegten Tanzschritte machen. Bei mir ist es ganz anders. Ich weiß vorher nie so genau, wie das fertige Stück aussehen soll. Zuerst setze ich mich mit meinen TänzerInnen zusammen. Ich frage sie, was ihnen zu einem Thema einfällt, zum Beispiel zu Liebe oder Angst. Wir reden lange darüber und sammeln Ideen für unser Stück. Später probieren wir aus, wie sich die TänzerInnen dazu bewegen können. Wir überlegen auch, wie sie spielen und sprechen sollen. Hieraus entsteht unsere Aufführung.

Bei meinem Tanztheater geht es häufig um Angst. Wer Angst hat, ist oft wie gelähmt und kann sich nicht wehren oder fängt an zu streiten. Mit dem Tanztheater will ich etwas gegen die Angst tun. Ich will die Menschen ermutigen, freundlich miteinander umzugehen. Die Zuschauer haben meine ersten Aufführungen nicht verstanden. Sie waren geschockt, dass ich den Streit zwischen Menschen so ehrlich zeige. Sie wollten lieber ihr schönes, altes Ballett sehen. Deshalb haben sie mich beschimpft und bespuckt. Aber ich habe trotzdem weitergemacht.

Nach und nach haben sie die Tanztheater-Stücke verstanden. Inzwischen bin ich auf der ganzen Welt eingeladen, meine Stücke aufzuführen.

Hildegard von Bingen

Ich wurde im Mittelalter im Jahre 1098 in einem Dorf in der Nähe von Bingen geboren. Ich gehörte zu einer Adelsfamilie und mein Vater war der Herr des Dorfes. Damals ließen adelige Eltern oft einige ihrer Kinder im Kloster erziehen. So war es auch bei mir. Mit acht Jahren begann mein Leben im Kloster. Später wurde ich Nonne und Leiterin des Klosters. Unser Frauenkloster war mit einem Männerkloster verbunden. Als immer mehr Frauen zu uns kamen und wir keinen Platz mehr hatten, gründete ich ein neues Kloster.

Die Anfangsjahre waren sehr schwierig. Die Klosteranlage musste noch gebaut werden und wir hatten kaum Geld. Wir wohnten in halbfertigen Häusern und lebten von Spenden. Die Mönche waren gegen unser neues Kloster. Sie weigerten sich, uns die Ländereien und Bauernhöfe zu geben, die uns gehörten. Nach jahrelangen Verhandlungen erhielt ich endlich unseren Besitz zurück.

In dieser Zeit schrieb ich mein erstes Buch. Es heißt „Scivias". Das ist Lateinisch und bedeutet „Wisse die Wege". In diesem Buch habe ich meine Visionen beschrieben. Das sind Bilder und Gedanken über Gott, die Welt, die Menschen und die Kirche. Mit meiner Seele sah ich diese Bilder und hörte Musik. Ich schrieb die Musik auf und habe so im Laufe meines Lebens fast 80 Lieder komponiert. Da meine Ansichten sehr geachtet waren, holten sich wichtige Personen der Kirche und der Politik Rat bei mir. Ich wurde von dem Papst als Prophetin[1] anerkannt. Dadurch bekam ich die Erlaubnis, im Namen der Kirche weite Reisen zu unternehmen und in verschiedenen Städten zu predigen.

Ich interessierte mich auch für medizinische Themen. Deshalb habe ich Bücher über Krankheiten und Heilung verfasst. Ich war der Meinung, dass die Krankheiten mit der Lebensweise der Menschen zu tun haben. Durch mein Wissen konnte ich den Menschen viele Tipps für ein gesundes Leben geben.

ANMERKUNG
1) Eine Prophetin ist eine Frau, die voraussagt, was für die Zukunft wichtig ist, und die Menschen auffordert, ein gutes Leben zu führen.

Marie Curie

Ich wurde 1867 in Polen geboren. Als ich zehn Jahre alt war, starb meine Mutter. Ich war sehr traurig und einsam. Deshalb verbrachte ich viel Zeit damit zu lernen.

So bestand ich das Abitur schon mit 15 Jahren. Danach war ich so erschöpft, dass ich eine Kur machen musste, um mich zu erholen.

Weil wir wenig Geld hatten und ich unbedingt auf eine Universität gehen wollte, schloss ich mit meiner Schwester einen Vertrag: Erst würde ich arbeiten gehen, damit sie studieren konnte und dann anders herum. Als ich 24 Jahre alt war, konnte ich dann endlich anfangen, die Sachen zu studieren, die mich schon immer am meisten interessiert hatten: Mathematik, Chemie und Physik. Das machte mir solchen Spaß, dass ich nur noch im Labor oder in der Bücherei zu finden war.

Bei dieser Arbeit lernte ich Pierre Curie kennen. Er war ein Physiker. Wir verliebten uns ineinander und heirateten. Jetzt forschte ich mit meinem Mann zusammen weiter. Wir bekamen zwei Töchter. Obwohl mein Mann und ich unsere Kinder sehr liebten, hatten wir wenig Zeit für sie. Wir arbeiteten so viel.

Auf der Suche nach einem Thema für meine Doktorarbeit las ich einen Bericht von einem Herrn Becquerel. Er hatte herausgefunden, dass der Stoff Uran Strahlen aussendet, die man nicht sehen kann. Diese Strahlung nennt man Radioaktivität.

Das brachte mich auf eine Idee. Ich wollte die unsichtbare Strahlung mithilfe von Geräten messen. Bei unserer Arbeit entdeckten wir zwei radioaktive Stoffe, das Polonium und das Radium. Dafür bekam ich 1903 zusammen mit meinem Mann und Herrn Becquerel den Nobel-

preis. Später bekam ich für meine weiteren Entdeckungen zur Radioaktivität sogar zum zweiten Mal den Nobelpreis. Das hatte es noch nie gegeben!

Als mein Mann starb, übernahm ich seine Stelle an der Universität. Weil wir nicht wussten, wie gefährlich radioaktive Strahlen sind, haben wir uns bei unserer Arbeit nicht davor geschützt.

Deshalb bekam ich später Leukämie. Das ist eine Blutkrankheit, die durch radioaktive Strahlen ausgelöst wird.

Phoolan Devi

Ich wurde etwa 1960 in einem kleinen Dorf in Indien geboren. Mit elf Jahren wurde ich mit einem viel älteren Mann verheiratet. In Indien werden Mädchen oft so früh verheiratet. Auch gegen ihren Willen.

Ich war sehr unglücklich bei diesem Mann und bin weggelaufen. Nun wollten meine Eltern mich noch einmal verheiraten. Aber ich habe mich geweigert. Deshalb wurde ich in das Haus meines Onkels gegeben. Bei ihm musste ich als Dienstmädchen arbeiten.

Einmal wurde das Haus meines Onkels von Räubern überfallen. Dabei habe ich die Räuber kennen gelernt. Ich bin zusammen mit ihnen weggelaufen, weil das Leben bei meinem Onkel so schrecklich war. Nach Hause zurückgehen konnte ich nicht mehr.

Die Räuber haben mich anständig behandelt. Später wurde ich die Anführerin der Räuberbande. Wir haben reiche Leute ausgeraubt und den Armen geholfen. Die Armen mochten mich sehr. Das war schön. Aber es war ein schweres Leben. Noch viel schwerer als das Leben, das ich vorher gehabt hatte: Manchmal waren wir vier Tage ohne Wasser und Essen. Und wir mussten immer vor der Polizei fliehen. Ich war die meistgesuchte Banditin Indiens. Nach einigen Jahren habe ich mich mit meiner Bande ergeben.

Viele Tausend Schaulustige kamen: Sie wollten zusehen, wie ich der Polizei meine Waffen übergab. Es war ein richtiges Volksfest. Viele Zeitungen in Indien und Europa schrieben darüber. Ich musste dann ins Gefängnis. Nach elf Jahren kam ich frei.

Zwei Jahre später wurde ich gewählte Abgeordnete im indischen Parlament. Hier arbeitete ich dafür, dass Frauen in meiner Heimat mehr Rechte bekommen.

Waris Dirie

Ich wurde in der Wüste von Somalia (Ostafrika) geboren. Meine Eltern waren Nomaden: Unsere Familie war immer unterwegs und nie länger als vier Wochen an einem Ort. Wir arbeiteten hart. Schon mit sechs Jahren musste ich frühmorgens 70 Schafe und Ziegen an eine gute Stelle mit Wasser und Gras führen. Oft hatten wir nicht genug zu essen. Dennoch war ich glücklich über das Leben in der Natur. Ich lernte die Zeichen der Natur zu verstehen, zum Beispiel den aufkommenden Regen zu riechen.

Mein schrecklichstes Erlebnis hatte ich mit fünf Jahren: In unserem Land ist es üblich, dass den Mädchen die Geschlechtsorgane verstümmelt werden. Ohne Betäubung mit einer zerbrochenen Rasierklinge wurde mir das angetan. Die Qualen waren unvorstellbar. Noch heute leide ich darunter. Nur durch großes Glück bin ich nicht an der Beschneidung gestorben.

Als ich 14 Jahre alt war, wollte mich mein Vater für fünf Kamele mit einem alten Mann mit weißem Bart verheiraten.

Das war für mich undenkbar. Meine Mutter half mir zu fliehen. Ich wollte zu ihrer Familie in die Hauptstadt. Den Weg kannte ich nicht. Tagelang wanderte ich allein durch die endlose Wüste. Schließlich kam ich in der Stadt an. Ich fand Arbeit, aber ich wollte nicht bleiben.

Ich wurde Dienstmädchen bei meinem Onkel, der in London lebte. Er war sehr streng. Ich musste hart arbeiten und durfte nicht Englisch lernen. Später zog mein Onkel wieder nach Afrika.

Ich blieb in London. So allein hatte ich schreckliche Angst. Aber ich wollte erst als

reiche Frau in meine Heimat zurückkehren. Ich lernte Englisch und arbeitete als Putzfrau. Ein Fotograf wurde auf mich aufmerksam. Er fotografierte mich und nun wurde ich Model. In einem Interview erzählte ich von meinem schrecklichen Erlebnis, der Beschneidung. Ich machte meine Geschichte bekannt. Deshalb bat mich die UNO, sie im Kampf gegen die Beschneidung zu unterstützen. Ich wurde UNO-Sonderbotschafterin[1]. Jeden Tag werden etwa 6000 Mädchen in der ganzen Welt verstümmelt. Mit meiner Arbeit helfe ich, dass dieses Leid beendet wird.

ANMERKUNG
1) UNO ist die englische Abkürzung für United Nations Organization (deutsch: Vereinte Nationen). In der UNO arbeiten VertreterInnen aller Länder zusammen mit dem Ziel, Frieden in der Welt zu schaffen. Waris Dirie hat bei der UNO die besondere Aufgabe, über die Gesundheit aufzuklären.

Marion Gräfin Dönhoff

Ich wurde 1909 in unserem Schloss in Ostpreußen (heute Polen) geboren. Ich war das siebte Kind und meine Eltern kümmerten sich kaum um mich. So musste ich selbst sehen, wie ich durchkam. Ich liebte es, Ställe auszumisten, Pferde zu putzen und zu reiten, im Wald und am See zu spielen.

Als ich ins Schulalter kam, besuchte ich zuerst keine Schule. Mal unterrichtete mich die Sekretärin, mal eines meiner älteren Geschwister oder mal ein Gast unserer Familie. Richtig lernen konnte ich dabei nicht. Das war sicherlich ein Grund dafür, dass ich später von meiner ersten Schule „geflogen" bin.

Als ich 15 Jahre alt war, setzte ich durch, dass ich nach Berlin ziehen und dort eine Oberschule besuchen durfte. Bei meiner Aufnahmeprüfung machte ich so viele Fehler, dass meine Lehrer meinten, ich würde wahrscheinlich unter Schock stehen. Sie wussten nicht, dass ich jahrelang keinen normalen Unterricht gehabt hatte. Sie nahmen mich trotzdem. Endlich war ich auf einer richtigen Schule. Ich machte Abitur, studierte und schrieb meine Doktorarbeit.

Während des Zweiten Weltkrieges übernahm ich die Leitung unseres Schlosses und unseres Gutshofes. In dieser Zeit führte ich ein Doppelleben: Die Nazis hatten die Macht in Deutschland übernommen, und ich konnte nur im Geheimen etwas dagegen machen. Ich verbündete mich mit anderen gegen Hitler. Einige von uns wollten Hitler töten und wir planten, ein freies Deutschland aufzubauen. Doch unser Attentat scheiterte, viele von uns wurden dafür hingerichtet. Ich selbst hatte großes Glück und kam davon.

Der Krieg wütete immer schlimmer. Ich musste fliehen und alles zurücklassen. Unser Schloss wurde total zerstört.

Nach dem Krieg machte ich einen neuen Anfang in Hamburg. Ich wurde Journalistin bei der Wochenzeitung DIE ZEIT. Später wurde ich die Chefin. Unter meiner Leitung wurde DIE ZEIT eine der wichtigsten Zeitungen in Deutschland. Mit meiner Arbeit habe ich die deutsche Politik beeinflusst.

Maria Goeppert-Mayer

Ich wurde 1906 in Kattowitz (heute Polen) geboren. Mein Vater gab mir immer wieder den Rat: Werde nie eine Frau, wenn du groß bist! Er meinte das so: Frauen hatten damals meistens ein langweiliges Leben. Sie hatten keine interessante Arbeit. Sie blieben zu Hause und waren nur für das Putzen und Kochen zuständig. So ein Leben wollte ich nicht führen.

Ich wollte studieren. Dazu brauchte ich das Abitur. Aber für Mädchen gab es damals noch kein Gymnasium. Ich musste eine Privatschule besuchen und die Prüfungen an einer Schule für Jungen machen.

Danach studierte ich Mathematik und Physik. Das fand ich sehr spannend. In der Physik wurden gerade neue Entdeckungen gemacht. Ich begann auch zu forschen. Es war für mich so, als ob ich Rätsel lösen würde. Für meine Arbeit erhielt ich einen Doktortitel.

Mit 24 Jahren heiratete ich und zog mit meinem Mann nach Amerika. Hier war es sehr schwer für mich. Als Forscherin bekam ich keine Arbeitsstelle. Ich verdiente mein Geld als Übersetzerin und konnte nur nebenbei in der Wissenschaft arbeiten. Das war sehr anstrengend und eine Zeit lang hätte ich am liebsten mit meinen Forschungen aufgehört. Doch mein Mann machte mir Mut und erinnerte mich daran, dass ich eine gute Forscherin war. Im Zweiten Weltkrieg wurden viele Forscher Soldaten. Ihre frei gewordenen Arbeitsstellen durften nun Frauen übernehmen. Ich arbeitete an einem geheimen Projekt mit, über das ich mit niemanden sprechen durfte. Wir bauten eine Atombombe.

1945 wurden dann Atombomben auf die beiden japanischen Städte Hiroshima und Nagasaki abgeworfen. Die Menschen wurden auf entsetzliche Weise getötet. Es war so furchtbar. Ich wollte, dass das nie mehr geschehen würde.

Trotzdem forschte ich nach dem Krieg weiter. Ich wollte herausfinden, wie das Innere eines Atoms aussieht. Ich berechnete, dass Atome wie Zwiebeln verschiedene Schalen haben. Deshalb bekam ich den Spitznamen „Zwiebelheilige". Für meine Arbeit wurde ich als zweite Frau mit dem Nobelpreis für Physik geehrt.

Jane Goodall

Ich wurde 1934 in England geboren. Als ich klein war, hatte ich einen Traum: Ich wollte wie Tarzan und Jane mit wilden Tieren im Urwald leben. Die Erwachsenen lachten mich für meinen Traum aus. Doch ich ließ nicht locker: Während der Schulzeit verschlang ich tonnenweise Bücher über wilde Tiere. Ich wusste, ich wollte später nach Afrika! So arbeitete ich nach der Schule als Sekretärin und abends arbeitete ich auch noch, um Geld für meine Überfahrt nach Afrika zu verdienen.

Mit 23 hatte ich es geschafft: Ich reiste nach Afrika. Hier traf ich einen berühmten Forscher. Zuerst arbeitete ich als Sekretärin für ihn. Er war sehr beeindruckt von meinem Wissen. Nach einiger Zeit fragte er mich, ob ich mich trauen würde, alleine im Urwald zu forschen. Genau das wollte ich!

Ich beobachtete Schimpansen, um mehr über die engsten Verwandten der Menschen zu erfahren. 30 Jahre lang lebte ich zusammen mit den Schimpansen im Urwald von Tansania. Ich wurde die erfolgreichste Affenforscherin der Welt! Ich entdeckte als Erste, dass Affen Fleisch fressen und ich fand heraus, dass sie Werkzeuge anfertigen und benutzen: Mit kleinen Stöckchen holen sie sich Ameisen aus Baumstämmen und mit Steinen knacken sie Nüsse.

Das Leben im Urwald war schwer: Ich stand um fünf Uhr auf, um die Affen schon beim Aufwachen zu beobachten. Ich kroch bei starker Hitze oder kräftigem Regen durch den Urwald. Manchmal blieb ich nachts alleine draußen, mit einer Decke und einer Jackentasche voll Rosinen zum Essen.

Einmal schubste mich ein junger Schimpanse einen Berg runter. Ein anderes Mal sprang mir ein Affe auf den Kopf. Das brach mir fast den Hals. Trotzdem habe ich das Leben im Urwald geliebt. Es war mein Traum. Heute gebe ich mein Wissen besonders gerne an Kinder weiter und setze mich für den Schutz der noch wild lebenden Schimpansen ein.

Christina Haverkamp

Ich wurde 1958 in Nordhorn geboren. Schon als Kind liebte ich den Sport. Darum wollte ich nach der Schule Sportlehrerin werden. In meinem Studium machte ich den „Hochseeschifferschein". Das ist ein Führerschein zum Bootfahren auf großen Meeren. Daneben arbeitete ich auch als Fußballtrainerin. Mit 21 Jahren reiste ich ein Jahr lang durch Südamerika. Dort lernte ich von einem Straßenkünstler das Theaterspielen. Besonders gut konnte ich auch Pantomime.[1] Mit dem Theater- und Pantomime-Spielen auf Straßen und Plätzen habe ich mir das Geld für meine Reisen und mein Studium verdient. Eine Zeit lang arbeitete ich auch als Lehrerin auf einer fahrenden Schule – auf einem Segelschiff.

Als ich 32 Jahre alt war, machte ich wieder etwas Neues. Ich ging mit dem Abenteurer Rüdiger Nehberg[2] auf eine Forschungsreise nach Brasilien zu den Yanomami. Das ist ein Indianervolk im südamerikanischen Regenwald. Das Leben der Yanomami ist durch Goldsucher bedroht. Ich habe mich gründlich mit Überlebenstrainings auf die Reise vorbereitet. Im Regenwald leben viele wilde Tiere. Dort gibt es keine Straßen oder Häuser.

Aber noch gefährlicher als die wilden Tiere sind die Goldsucher. Sie dringen einfach in das Indianerland ein, weil es dort viel Gold gibt. Die Regierung in Brasilien hat dies zwar verboten, aber niemand hält sich daran. Alle sind nur gierig auf das Gold. Das Schlimme daran ist, dass sie den Regenwald zerstören und die Indianer aus ihren Dörfern vertreiben. Sie bringen auch fremde Krankheiten mit, an denen die Indianer sterben.

Seit ich alles mit eigenen Augen gesehen habe, habe ich mich entschlossen, die Yanomami im Kampf gegen die Goldsucher zu unterstützen. Ich mache das zusammen mit anderen Menschen. Wir reden mit Politikern über das Unrecht. Ich halte Vorträge, zeige Bilder und Filme über die Yanomami. So sammle ich Geld für die Hilfe. Mit diesem Geld konnte schon eine erste Krankenstation gebaut werden.

Zusammen mit Rüdiger Nehberg habe ich noch eine besondere Aktion gestartet: Wir überquerten den Atlantik (das große Meer zwischen Europa und Amerika) auf einem Floß und überbrachten dem Präsidenten von Brasilien einen Protestbrief. Das Fernsehen berichtete davon. Dadurch wurden viele Menschen auf das Leid der Yanomami aufmerksam.

ANMERKUNGEN
1) Pantomime ist Theater ohne Worte.
2) Über Rüdiger Nehberg findest du eine Seite im Lexikonteil über ungewöhnliche Männer.

Lotti Huber

Ich wurde 1912 in Kiel geboren. Schon als Kind liebte ich es, zu tanzen und mich zu verkleiden. Mit 17 Jahren verliebte ich mich. Ich zog mit meinem Freund nach Berlin in eine WG[1]. So etwas gehörte sich damals überhaupt nicht. Es war eine herrliche Zeit!

Doch bald darauf regierten die Nazis in Deutschland. Weil ich Jüdin war, wurde ich verhaftet und in ein Lager gebracht. Ich verstand nicht, wie so etwas passieren konnte. Waren denn alle verrückt geworden? Nach einem Jahr wurde ich von jüdischen AmerikanerInnen „freigekauft".

Was für ein unheimliches Glück! Ich musste Deutschland aber sofort verlassen. Ich beschloss nach Palästina zu gehen. Der Weg dorthin steckte voller Abenteuer und Gefahren. Ich wusste nicht, wovon ich leben sollte. Doch das Leben sorgte wie immer gut für mich. Ich bekam Arbeit an einer Tanzschule! Außerdem fand ich einen Job als Tänzerin in einer Bar.

Dort lernte ich auch meinen Mann kennen. Wir gingen nach Zypern und eröffneten dort ein Restaurant. Unsere Ehe hielt nicht lange. Wir waren beide traurig darüber, wollten aber Freunde bleiben. Ich überließ den Laden meinem Mann und fing noch einmal von vorne an. Ich fand es wunderbar, mir etwas Eigenes zu schaffen. Deshalb baute ich ein neues Restaurant in einer anderen Stadt auf: Das „Octopus" war mein ganzer Stolz. Es war nicht leicht, in einem fremden Land allein als Frau ein Geschäft zu führen. Doch ich habe es schon immer verstanden, mir Respekt zu verschaffen.

Eines Abends betrat ein englischer Offizier mein Lokal. Da wusste ich sofort: Diesen Mann würde ich heiraten. So war es dann auch. Wegen des Krieges auf Zypern gingen wir später nach Berlin.

Dort verlebten wir tolle Jahre. Ich machte eine Model-Schule auf. Doch das langweilte mich bald. Ich wollte den Menschen ein gutes Gefühl für ihren Körper vermitteln, mit ihnen tanzen und lachen. Also machte ich aus meiner Model-Schule eine Tanzschule. Hier ging es immer hoch her. Wir verkleideten uns und tanzten wild und ausgelassen. Als mein Mann starb, war ich sehr traurig. Doch ich wollte nicht allein leben und gründete wieder eine WG. Wenn ich Geld brauchte, übersetzte ich Bücher. Eines Tages entdeckte mich ein bekannter Regisseur. Weil er so angetan war von meiner Art, drehte er Filme mit mir. So wurde ich berühmt. Da war ich 75 Jahre alt, aber immer noch topfit. Ich war wirklich immer für eine Überraschung gut!

ANMERKUNG
1) WG bedeutet Wohngemeinschaft. Mehrere Personen mieten zusammen eine Wohnung.

Diana Jäger

Ich wurde 1963 in Günzburg geboren. Ich gehöre zu einer richtigen „Eisenbahnerfamilie": Mein Vater, mein Schwiegervater und mein Mann arbeiten bei der Eisenbahn. Und ich?

Ich habe schon als Kind manchmal überlegt, was ich später mal werden will. Ich fand den Beruf meines Vaters gut. Er war Lokomotivführer. Aber als Kind habe ich nicht davon geträumt, einmal Lokomotivführerin zu werden. Das kam erst später.

Nach der Schule habe ich eine erste Ausbildung bei der Eisenbahn gemacht. Danach wollte ich Lokomotivführerin werden. Dazu musste ich einen Lehrgang machen. Ich war die einzige Frau in der Ausbildungsgruppe. Manchmal lästerten die Männer: „Frauen gehören in die Küche, hinter den Herd – und nicht in die Lokomotive." Das fand ich nicht schlimm. Trotzdem wusste ich, dass ich mir als Frau in diesem Beruf am Anfang keinen Fehler erlauben durfte. Mein Ausbilder fragte mich: „Haben Sie sich das auch gut überlegt?" Ich hatte es mir gut überlegt.

Ich habe alle Prüfungen und die Führerscheine für jeden einzelnen Typ von Elektro- und Diesel-Loks auf Anhieb geschafft!

So wurde ich die erste Lokomotivführerin im Norden Deutschlands!

„Ich finde es toll, vorne in der Lok zu sitzen.
Da bin ich ganz allein.
Ich hab' ein Gefühl von Freiheit.
Und niemand redet mir hinein."

Ich habe gelernt, dass eine Frau alle auf der Lok anfallenden Arbeiten genauso gut erledigen kann wie ein Mann. Manchmal ist es aber auch anstrengend: So muss ich zum Beispiel die schwere eiserne Schrauben-Kupplung zwischen Lokomotive und Wagen selbst einhängen. Die wiegt bestimmt 20 Kilo. Mein Mann ist auch Lokomotivführer. Da unsere Arbeitszeiten sehr unregelmäßig sind, müssen wir unseren Tagesablauf genau planen. Wir haben nämlich auch noch zwei Kinder, die uns brauchen.

Wenn ich beim Halt am Bahnhof aus der Lokomotive schaue, dann gucken die Leute manchmal neugierig. Vor einiger Zeit kam ein älterer Mann zu mir und sagte: „Eine Frau in der Lok – das finde ich toll."

Irène Joliot-Curie

Ich wurde 1897 in Frankreich geboren. Meine Eltern waren beide berufstätig. Sie waren berühmte Forscher. Sie hatten herausgefunden, dass der Stoff Uran unsichtbare Strahlen aussendet. Diese Strahlung nennt man Radioaktivität. Wegen ihrer Arbeit hatten sie wenig Zeit. Dafür kümmerte sich mein Großvater viel um mich.

Als ich zehn Jahre alt war, starb mein Vater. In der Zeit danach erzählte meine Mutter mir viel über die Naturwissenschaften.

Ich fand Physik sehr spannend und lernte gerne neue Dinge darüber. Später studierte ich selber Physik und Mathematik an der Universität von Paris. Dabei lernte ich Frederic Joliot kennen. Als ich 29 Jahre alt war, heiratete ich ihn. Wir bekamen zwei Kinder. Weil mein Mann auch Physiker war, konnten wir viel zusammen arbeiten.

Wir versuchten, Stoffe, die eigentlich nicht strahlten, doch zum Strahlen zu bringen. Zuerst schafften wir es nicht. Nach langen und vielen Versuchen gelang es uns aber doch! Jetzt konnte man Radioaktivität künstlich herstellen. Dafür bekamen wir 1935 den Nobelpreis.

Danach wurde ich Professorin. Ich liebte es, an der Universität zu arbeiten. Außerdem setzte ich mich für die Gleichberechtigung von Frauen in meinem Land ein: Frauen sollten gut ausgebildet werden und ihren Beruf selbst wählen können. Frauen sollten bei uns endlich, wie die Männer, in der Politik mitbestimmen und das Wahlrecht erhalten.

Am wichtigsten war mir aber immer noch, eine gute Forscherin zu sein. Zusammen mit meinem Mann Frederic interessierte ich mich jetzt für die Atomforschung. Zu unserer Zeit

dachte man, dass Atome die kleinsten Teilchen eines Stoffes sind. Andere ForscherInnen hatten schon etwas über Atome herausgefunden: Wenn man es schafft, diese kleinen Teilchen zu spalten, entsteht eine unglaublich große Kraft (Atomkraft). Als uns aber klar wurde, dass man Atomenergie dazu benutzen kann, Bomben zu bauen, waren wir schockiert. Das wollten wir auf keinen Fall. Deshalb hörten wir auf, weiter daran zu forschen.

Genau wie meine Mutter bekam ich später Leukämie. Das ist eine Blutkrankheit, die durch radioaktive Strahlen ausgelöst wird.

Sofja Kowalewskaja

Ich wurde 1850 in Weißrussland geboren. Meine Mutter hatte sich einen Jungen gewünscht und wollte mich zuerst gar nicht sehen. Außerdem hatte mein Vater an meinem Geburtstag so viele Schulden bei Geldspielen gemacht, dass er den Schmuck meiner Mutter verkaufen musste. Deshalb erinnerte mein Geburtstag meine Mutter an nichts Gutes. Ich wurde von einer Kinderfrau und später von einer Erzieherin betreut. Als Kind war ich sehr einsam. In meinem Kinderzimmer waren die Wände mit Blättern aus einem Mathematikbuch tapeziert, weil nicht genug Tapete da war. Stundenlang schaute ich mir die Zahlen und Rechnungen an. Ich versuchte, sie zu verstehen.

Weil ich mich so sehr für Mathematik interessierte, erhielt ich mit 17 Jahren Privatunterricht in Mathematik. Leider durften Frauen damals in Russland nicht studieren. In anderen Ländern war das schon erlaubt. Ich wollte in Deutschland Mathematik studieren. Doch ich durfte Russland nur mit meinem Vater oder einem Ehemann verlassen. Ich suchte mir einen Mann, den ich nur zum Schein heiratete. Zusammen zogen wir nach Heidelberg. Dort lernte ich einen berühmten Mathematikprofessor kennen. Er wollte keine Studentinnen unterrichten und wollte mich loswerden. Er stellte mir schwierige Fragen. Doch meine Antworten beeindruckten ihn so sehr, dass er mich vier Jahre kostenlos unterrichtete. Ich schrieb drei wichtige Arbeiten in Mathematik und erhielt dafür einen Doktortitel.

Zusammen mit meinem Mann und unserer Tochter ging ich wieder nach Russland zurück. Dort bekam ich als Mathematikerin keine Arbeitsstelle. Ich durfte nur als Mathematiklehrerin in einer Grundschule arbeiten. Mit meinem Mann verstand ich mich nicht mehr. Er machte schlechte Geschäfte. Wir hatten so viele Schulden, dass unser gesamter Besitz versteigert wurde. Ich trennte mich von ihm. Als ich das Angebot bekam, an der Universität in Stockholm zu unterrichten, zog ich mit meiner Tochter nach Schweden. Ich wurde dort sogar Professorin. Später erhielt ich eine besondere Auszeichnung für meine Berechnungen in der Mathematik. Der Preis war mir sehr wichtig, weil ich auch anderen Frauen damit Mut machen wollte.

Rosa Luxemburg

Ich wurde 1871 in Polen geboren. Mit drei Jahren bekam ich plötzlich Schmerzen in der Hüfte. Mein Arzt erkannte nicht, dass ich mein Bein verrenkt hatte. Er gab mir die falsche Medizin. Ein Jahr lang musste ich im Bett liegen. Als ich endlich wieder aufstehen konnte, war mein eines Bein kürzer als das andere. Von da an hinkte ich. Ich konnte nicht wie andere Kinder laufen und springen. In der Schule wurde ich gehänselt, weil ich behindert war. Und weil ich ein jüdisches Kind war. Das fand ich sehr gemein.

Als ich 15 Jahre alt war, schloss ich mich einer politischen Gruppe an, die die Politik in Polen total verändern wollte. Wir trafen uns heimlich, denn so etwas war verboten: Immer wieder wurden bei uns Menschen, die etwas gegen die Regierung sagten, verhaftet oder sogar ermordet. Deshalb musste ich mit 18 Jahren aus Polen fliehen und kam in die Schweiz. Hier traf ich viele Leute, die in ihren Heimatländern verfolgt wurden. Mit einigen freundete ich mich an. Ich bekam wieder Mut. Ich studierte Wirtschaft und schrieb eine Doktorarbeit.

Danach ging ich nach Deutschland. Ich dachte, dass ich dort am besten für eine Revolution kämpfen könnte: Alle Menschen sollten die gleichen Rechte haben, und allen Menschen sollte es gleich gut gehen. Dafür schrieb ich Zeitungsartikel und hielt Reden bei großen Versammlungen. Es war oft anstrengend, aber ich war mit ganzem Herzen dabei. Durch meine Reden wurde ich sehr bekannt, auch wenn viele Leute nicht meiner Meinung waren.

Zu der Zeit wollten die Mächtigen in Europa einen Krieg anfangen. Ich setzte mich für den Frieden ein. Aber es kam zum Ersten Weltkrieg. Ich fand das schrecklich. Doch die meisten Menschen in Deutschland fanden den Krieg gut. Ich wollte das nicht hinnehmen und schrieb Artikel gegen den Krieg. Wegen meiner Meinung kam ich ins Gefängnis.

Der Krieg dauerte vier Jahre. Erst danach wurde ich freigelassen. Viele Leute hatten inzwischen genug vom Krieg, vom Kaiser und von der Regierung. Sie wollten über die Politik selbst bestimmen. In einigen Städten Deutschlands gab es Aufstände. Ich fand es gut, dass sich die Menschen wehrten und machte mit. Aber die Soldaten der Regierung schlugen unsere Aufstände nieder. Bis zum Schluss habe ich nicht aufgegeben, für meine Ziele zu kämpfen.

Barbara McClintock

Ich wurde 1902 in Amerika geboren. Meine Eltern hatten sehr ungewöhnliche Meinungen. So fanden sie die Schule nicht besonders wichtig. Ich brauchte auch nicht hinzugehen, wenn ich nicht wollte. Hausaufgaben musste ich auch nicht machen. Den Spaß am Lernen habe ich behalten. Ich interessierte mich für viele Dinge und wollte gern über alles Bescheid wissen. Als Jugendliche fing ich an, mich besonders für die Naturwissenschaften zu interessieren. Das war für Mädchen sehr ungewöhnlich. Ich war überhaupt anders als die meisten anderen Leute. Zum Beispiel konnte ich stundenlang allein über irgendetwas nachdenken. Auch als ich erwachsen war, tat ich manches, was andere komisch fanden. Einmal hatte ich den Schlüssel von meiner Arbeitsstelle vergessen. Deshalb kletterte ich an der Hauswand hoch und stieg durch das Fenster ein.

Ich studierte Biologie. In diesem Fach begann ich meine Forschungsarbeiten. Ich untersuchte Maispflanzen. Mir gelang es, ihre Chromosomen[1] voneinander zu trennen. Jetzt konnte man diese winzigen Teilchen besser unterscheiden. Ich fand heraus, dass manche Gene[2] auf einem Chromosom nicht fest sitzen, sondern auch springen können. Ich nannte sie deshalb springende Gene. Durch sie verändert sich zum Beispiel das Aussehen der Maispflanzen: Manche bekommen Flecken oder auch eine andere Form. Ich entdeckte, dass die springenden Gene nicht nur bei Pflanzen, sondern bei allen Lebewesen, also auch bei uns Menschen, vorkommen können.

Über meine Forschungen haben meine Kollegen gelacht. Sie hielten mich für verrückt.

Erst 30 Jahre später stellte sich heraus, dass ich Recht hatte. Nun waren auf einmal meine Entdeckungen interessant.

Mit 81 Jahren erhielt ich den Nobelpreis für Medizin.

ANMERKUNGEN
1) Chromosomen sind winzige Teilchen im Kern einer Zelle. Auf den Chromosomen sitzen die Gene.
2) Gene sind die Erbinformationen. Darin ist zum Beispiel festgelegt, welche Haarfarbe wir haben, wie groß wir werden oder wie wir aussehen.

Lise Meitner

Ich wurde 1878 in Wien geboren. Schon als Kind habe ich gerne gelernt und wollte viel wissen. Meine Eltern haben mich dabei immer unterstützt. Nach der Schule habe ich angefangen, Physik und Mathematik zu studieren. Das war ungewöhnlich. Denn erst zwei Jahre vorher war es Frauen bei uns erlaubt worden zu studieren. Physik interessierte mich am meisten. In dieser Zeit hatte man gerade die Atome entdeckt. Ich fand das sehr spannend und fing an, in der Physik zu forschen. Für meine Arbeit erhielt ich einen Doktortitel. Jetzt wollte ich eine noch bessere Wissenschaftlerin werden. Deshalb lehnte ich eine gute Arbeitsstelle in Wien ab und zog nach Berlin. Dort studierte ich weiter Physik. Ich wollte auch neue Experimente machen. Ein bekannter Wissenschaftler interessierte sich für meine Forschungen und wollte mit mir zusammenarbeiten. Wir bildeten ein Team.

Aber das war am Anfang sehr schwer. Denn der Forschungsleiter war gegen Frauen in der Wissenschaft. Ich durfte nur im Keller arbeiten und nie in die oberen Räume gehen. Nicht einmal die Toilette durfte ich benutzen. Trotzdem habe ich ganz neue Sachen in der Physik herausgefunden. Für meine Leistungen erhielt ich später mein eigenes Forschungsteam. Ich wurde Professorin. Dennoch trauten mir viele Männer nichts zu, weil ich eine Frau war. Ich ärgerte mich sehr, wenn sie meine Erfolge nicht beachteten.

Als die Nationalsozialisten in Deutschland die Macht übernahmen, bedrohten sie mich. Denn ich war Jüdin. Ich hoffte, dass die Nazis nicht lange in Deutschland herrschen würden. Deshalb blieb ich in Berlin und forschte weiter.

Zusammen mit zwei Kollegen machte ich erfolgreiche Experimente zur Atomenergie. Das war eine Sensation. Aber die Nazis brachten immer mehr Juden um. So floh ich schließlich nach Schweden. Ich konnte zwar mein Leben retten, aber meine Arbeit musste ich in Berlin zurücklassen.

Durch unsere Experimente schafften es die Amerikaner, die Atombombe zu bauen. Als die erste Bombe auf Japan geworfen wurde, war ich geschockt. Ich wollte immer, dass die Atomenergie für friedliche Zwecke genutzt wird. Ich hatte geglaubt, dass die Wissenschaft den Menschen hilft. Nun wusste ich, dass Menschen ihr Wissen auch missbrauchen können.

Rigoberta Menchu

Ich wurde 1959 in Guatemala (Mittelamerika) geboren. Ich war das sechste von zehn Kindern einer armen Bauernfamilie. Meine ganze Familie arbeitete unvorstellbar hart, um zu überleben. Auch ich musste schon als Kind von Sonnenaufgang bis Sonnenuntergang auf Kaffee- oder Baumwollfeldern arbeiten. Erst viel später verstand ich, wie ungerecht das war:

Einige reiche weiße Männer waren nach Guatemala gekommen. Sie hatten uns Indios (so heißen wir Ureinwohner des Landes) einfach unser Land weggenommen. Daraus hatten sie große Plantagen gemacht. Es war unglaublich: Auf unserem eigenen Land mussten wir nun für einen Hungerlohn arbeiten! Viele von uns starben an Überarbeitung, Krankheiten und Unterernährung – besonders die Kinder. Auch mein kleiner Bruder Nicolas verhungerte mit zwei Jahren. Meine Wut auf die Landdiebe wurde von Tag zu Tag größer. Eines stand fest: Ich würde etwas tun, damit wir Indios unser Land zurückbekamen! Als ich 13 Jahre alt war, machte ich mich auf den Weg: Ich ging in die Hauptstadt. Nur dort konnte ich Geld verdienen und lesen und schreiben lernen. Das ist für uns arme Bauern etwas ganz Besonderes! Zuerst arbeitete ich als Dienstmädchen bei Weißen. Hier wurde ich wieder schlecht behandelt. Selbst die Haustiere bekamen besseres Essen als ich. Mein Zorn auf die Reichen wuchs.

Aber ich spürte meine Kraft. Zusammen mit anderen begann ich mich gegen die Landdiebe zu wehren. Entschlossen ging ich von Dorf zu Dorf. Ich erklärte den Menschen, dass wir für unser Land kämpfen müssten. Viele machten mit.

Als die Weißen das merkten, wurden wir von ihnen grausam gejagt. Meine ganze Familie wurde ermordet. Ich floh ins Nachbarland Mexiko. Von dort aus kämpfte ich weiter: Ich wollte, dass die ganze Welt von dem Landraub erfuhr. Deshalb schrieb ich ein Buch über mein Leben in Guatemala. Es wird in vielen Ländern der Welt gelesen. Viele Menschen unterstützen unseren Befreiungskampf. Die UNO[1] bat mich, für sie zu arbeiten. Ich bin Beraterin für die Rechte der Indios. Als Anerkennung für meine Arbeit bekam ich den Friedensnobelpreis. Ich war die erste Frau Lateinamerikas, die diese höchste Auszeichnung der Welt erhielt. Ich kämpfe so lange, bis wir unser Land wieder haben.

ANMERKUNG
1) UNO ist die englische Abkürzung für United Nations Organization, deutsch: Vereinte Nationen. In der UNO arbeiten VertreterInnen aller Länder zusammen mit dem Ziel, Frieden in der Welt zu schaffen.

Maria Sibylla Merian

Ich wurde 1647 in Frankfurt geboren. Zu meiner Familie gehörten berühmte Maler. Ich konnte schon als Kind gut malen. Deshalb sorgte mein Stiefvater dafür, dass ich eine Ausbildung als Malerin und Kupferstecherin[1] erhielt. Diese Ausbildung war für mich sehr nützlich. Ich interessierte mich nämlich für die Natur. Ich ging oft nach draußen und zeichnete Blumen. Mit 13 Jahren beobachtete ich die Verwandlung einer Raupe zu einem Schmetterling. Ich zeichnete dies und schrieb meine Beobachtungen auf. Seitdem begann ich, über Raupen und Schmetterlinge zu forschen. So etwas war damals unnormal. Insekten wurden „Teufelsgeziefer" genannt. Ich ließ mich aber nicht davon abhalten.

Später heiratete ich und bekam zwei Töchter. Mein Mann konnte nicht gut mit Geld umgehen. Deshalb ließ ich mir viel einfallen, um selbst Geld zu verdienen: Ich stellte Farben her und verkaufte sie. Ich bemalte Tischdecken und Zelte. Außerdem gründete ich eine Malschule für junge Frauen. Ich veröffentlichte mein erstes Buch. Es enthielt Bilder von Blumen, die als Vorlagen für Stickbilder dienten. Die Bilder waren ein voller Erfolg. Aber am meisten interessierte mich immer noch die Erforschung von Raupen und Schmetterlingen. Ich arbeitete daran, meine Kenntnisse und Beobachtungen in einem Buch aufzuschreiben und aufzumalen. 20 Jahre brauchte ich dafür. Dann veröffentlichte ich mein Raupenbuch. Damit erregte ich großes Aufsehen. Niemand hatte vorher soviel über Raupen und Schmetterlinge gewusst. Ich war nun eine bekannte Insektenforscherin. Deshalb wurde mir eine

Schmetterlingssammlung aus Südamerika gezeigt. Ich war davon beeindruckt und wollte unbedingt selbst nach Südamerika fahren, um diese Schmetterlinge genau zu erforschen. Ich sparte Geld für die große Reise. Mit 52 Jahren konnte ich mir meinen Traum erfüllen. Zusammen mit meiner jüngsten Tochter reiste ich mit dem Schiff nach Südamerika. Die Fahrt dauerte drei Monate. Wir waren die ersten Frauen der Welt, die eine so lange Forschungsreise gemacht haben. Ich war begeistert von dem geheimnisvollen Dschungel, von den Tieren und köstlichen Früchten. Nach zwei Jahren kehrten wir wieder zurück. Die Ergebnisse meiner Forschungsreise veröffentlichte ich in einem Buch. Dadurch wurde ich weltberühmt.

ANMERKUNG
1) Eine Kupferstecherin ritzt mit einem scharfen Stift ein Bild in eine Kupferplatte. Das Bild kann dann auf Papier gedruckt werden.

Christina Moll

Ich wurde 1947 in Husum geboren. Wir waren zu Hause vier Kinder – mit meinen drei Brüdern hatte ich viel Spaß. Zur Schule ging ich nicht gerne. Dort wurde ich nämlich viel gehänselt. Manchmal schwänzte ich und versteckte mich auf dem Heuboden.

Mein Lehrer meinte, dass aus mir sowieso nichts werden würde.

Aber: Aus mir wurde doch etwas! Zunächst lernte ich auf einer Klosterschule Krankenschwester. Danach studierte ich und wurde Lehrerin und Psychotherapeutin[1]. Darüber hinaus bin ich noch Managerin! Und das kam so:

Schon immer war es mir wichtig, bei Problemen zu helfen. Als ich 1992 das erste Mal nach Lettland[2] fuhr, war mir klar: Hier muss ich etwas tun.

Die Not in Lettland war so groß! Besonders den Waisenkindern ging es schlecht. Am Ende der Woche gab es in den Kinderheimen mittags oft nichts zu essen. Es war einfach nichts mehr da!

Statt Toiletten gab es in einem Heim nur Löcher in der Erde und auf den Dächern lagen keine Dachziegel, sondern nur flatternde Folien. Duschen oder warmes Wasser kannten die Kinder nicht. Sie hatten auch im Winter nichts Warmes anzuziehen.

Zurück in Deutschland berichtete ich von der Not der Kinder. Schnell merkte ich, dass viele Leute gerne helfen wollten. Aber dazu brauchte es eine Person, die die Hilfe auf den Weg brachte – eine Managerin. Denn es gab viele Fragen zu klären:
– Wer packt die Pakete mit Lebensmitteln und Kleidung?
– Wo werden die Pakete gesammelt?
– Wie kommen die Pakete nach Lettland? Mit dem LKW oder dem Schiff?
– Braucht man eine Erlaubnis für einen solchen Transport?
Und: Woher kommt das Geld dafür?
Um all diese Dinge kümmere ich mich. Dabei bekomme ich viel Hilfe. So sammeln die Kinder meiner Schule Geld auf „Sammelwandertagen" und ihre Eltern spenden Kleidung. Einige Firmen, die ich angesprochen habe, spenden regelmäßig Geld.

Oft begleite ich die Hilfstransporte, um zu sehen, dass alles gut ankommt und wo noch Hilfe gebraucht wird.

Ich finde es gut, Managerin für Hilfstransporte zu sein.

ANMERKUNGEN
1) Eine Psychotherapeutin ist eine Art Ärztin für die Seele.
2) Lettland ist ein kleines Land an der Ostsee. Es liegt dicht bei Russland.

Maria Anna Mozart

Ich wurde 1751 in Salzburg geboren. Fünf Jahre später kam mein Bruder Wolfgang Amadeus zur Welt. Unser Vater war Musiker. Schon früh erkannte er, dass wir sehr musikalisch waren. Damit er uns in Musik unterrichten konnte, hörte er auf zu arbeiten. Ich lernte, Klavier zu spielen. Während meiner Kindheit reiste mein Vater mit mir und meinem Bruder in andere Städte und Länder. Wir gaben dort Konzerte. Mit zwölf Jahren war ich eine der besten Klavierspielerinnen Europas. Mein Bruder und ich waren sehr berühmt. Wir galten als Wunderkinder.

Zu meiner Zeit glaubten die Leute, dass Frauen nicht zu viel lernen sollten. Denn Männer sollten mehr wissen als Frauen. Eine Frau hatte die Aufgabe, für die Familie und das Haus zu sorgen. Deshalb unterrichtete mich mein Vater nicht mehr weiter, als ich älter wurde. Mit 16 Jahren durfte ich auch nicht mehr auf die Konzert-Tourneen mitkommen. Darüber war ich sehr traurig. Ich vermisste die Reisen und meine Erfolge. Mein Vater wollte nicht, dass ich Musikerin würde. Ich sollte heiraten und bis dahin als Klavierlehrerin arbeiten. Er tat jetzt alles dafür, dass nur noch mein Bruder ein berühmter Musiker wurde. Mein Bruder lernte, Musikstücke zu komponieren. Für mich war das verboten: Eine Frau machte das nicht. Ich wollte aber auch gerne komponieren. Deshalb habe ich es einfach heimlich ausprobiert. Ich habe es mir selbst beigebracht und es ist mir gut gelungen.

Als meine Mutter starb, hatte ich überhaupt keine Zeit mehr für meine geliebte Musik. Ich musste die Arbeit meiner Mutter tun: Ich führte den Haushalt für meinen Vater. Nur Klavierunterricht durfte ich noch geben. Später heiratete ich und bekam ein Kind. Als Hausfrau und Mutter hatte ich viel zu tun. Ich habe das getan, was von Frauen damals verlangt wurde.

Deshalb bin ich als erwachsene Frau keine berühmte Musikerin mehr gewesen.

Mary Read

Ich wurde ungefähr 1690 in England geboren. Über meine Geburt gibt es keine genauen Angaben. Und das kam so: Meine Mutter war mit einem Seemann verheiratet und hatte mit ihm zusammen einen Sohn. Nach dem Tod dieses Mannes lernte sie einen anderen Mann kennen. Mit dem neuen Mann bekam sie mich. Und als kurz nach meiner Geburt mein Bruder starb, kam meine Mutter auf die Idee, mich für meinen Bruder auszugeben. Meine Mutter meinte, dass das für uns beide besser sei. Sie war mit dem neuen Mann ja nicht verheiratet.

So wuchs ich in Jungenkleidung auf.

Als ich alt genug war, erklärte mir meine Mutter unser Geheimnis. Ich trug weiter Jungenkleidung und arbeitete als Diener für eine französische Dame. Dort hielt ich es aber nicht sehr lange aus.

Ich wurde lieber Matrose auf einem Kriegsschiff. Und dann passierte es. Auf diesem Schiff verliebte ich mich in einen Matrosen. Ich weihte ihn in mein Geheimnis ein. Wir heirateten und machten zusammen eine Gaststätte auf. Sie wurde zum Lieblingslokal vieler Offiziere.

Nach dem Krieg wurden keine Offiziere mehr gebraucht. Niemand kam mehr in unsere Gaststätte. Wir mussten schließen. Bald darauf starb mein Mann.

So kramte ich meine Männerklamotten wieder aus der Kiste und meldete mich beim Militär. Später ging ich auf ein Handelsschiff, das nach Indien fuhr. Und hier passierte wieder etwas: Wir wurden von englischen Piratinnen und Piraten überfallen. Da ich der einzige englische Mensch an Bord war, behielten sie mich. So lernte ich die Piratin Anne Bonny kennen. Wir wurden gute Freundinnen und

arbeiteten drei Jahre lang gemeinsam auf Schiffen. Das gefiel mir. Aber dann wurden wir gefangen genommen. Wir kamen vor ein Gericht und sollten wegen Piraterie gehängt werden.

Zum Glück war ein Arzt in der Nähe, der uns einen Gefallen schuldete. Wir hatten ihn ein Jahr vorher von der Folterbank eines Sklavenschiffes befreit. Nun half er uns: Er erklärte vor Gericht, dass wir schwanger seien. Wir wurden begnadigt und kamen in ein Gefängnis.

Niki de Saint Phalle

Ich wurde 1930 in Frankreich geboren. Gleich nach meiner Geburt gaben meine Eltern mich bei meinen Großeltern ab. Sie wollten zurück nach Amerika. Erst als ich drei Jahre alt war, holten sie meinen Bruder und mich nach. Auch jetzt hatten sie kaum Zeit für uns. Mein Vater missbrauchte mich. So fühlte ich mich oft schrecklich verlassen, wütend und traurig. Wenn ich dann nicht schlafen konnte, holte ich meine kleine Zauberschachtel unter dem Bett hervor. Nur in Gedanken – es gab sie nicht wirklich. Ich öffnete den Deckel: heraus schwebten bunte Vögel, duftende Blumen, Fabelwesen und gute Geister. Diese Schachtel war meine Rettung.

Mit der Schule kam ich gar nicht klar. Dennoch schwor ich mir schon ganz früh, berühmt zu werden, eine richtige Heldin. Ganz anders als all die Frauen, die ich kannte.

Aber zuerst kam alles anders: Mit 19 Jahren heiratete ich und bekam zwei Kinder. Nun war mein Leben doch genauso wie das der Frauen, die ich kannte. Vor lauter Sehnsucht nach einem berühmten Leben wurde ich seelisch krank. Im Krankenhaus begann ich zu malen. Das tat mir unendlich gut. Ich wollte nicht mehr aufhören. Deshalb beschloss ich, ohne meine Familie zu leben. Ich wollte endlich Künstlerin werden. Ich war wie befreit.

Zuerst machte ich Schießbilder: Das sind große Bilder, in die ich Farbdosen eingipste. Auf die Farbdosen schoss ich mit einem Gewehr, dass die Farben nur so spritzten. Ich schoss mir meine ganze Wut aus dem Bauch.

Später wurde meine Kunst fröhlicher: Ich stellte riesengroße bunte Frauenfiguren her, die ich Nanas nannte. Schnell erreichte ich so mein Ziel, berühmt zu werden. Doch es ging noch viel weiter: Ich schuf einen riesigen Garten mit wunderschönen Figuren, die viel größer sind als die Bäume dort. In manchen kann man sogar wohnen. Zehn Jahre lang habe ich daran gearbeitet!

Heute bin ich Urgroßmutter und habe noch immer große Freude an meiner Arbeit. Leider hat der Kunststoff, aus dem ich meine Figuren modelliert habe, meinen Lungen sehr geschadet. Auch meine Hände sind ganz steif von all der Arbeit. Aber ich habe mir meinen sehnlichsten Wunsch erfüllt. Durch meine Kunst bin ich berühmt und glücklich geworden. Unter meinem Bett steht noch heute meine Zauberschachtel. Manchmal ist sie voller Sand, ich bin wieder fünf Jahre und baue Schlösser und Traumpaläste …

Anna Seghers

Ich wurde genau im Jahre 1900 in Mainz geboren. Als kleines Kind war ich oft krank. Dann habe ich alle möglichen Geschichten erfunden, die ich mir selbst erzählte. Ich hatte viel Freude an Geschichten und Büchern. Seit ich Buchstaben schreiben konnte, schrieb ich auch Geschichten. Später bin ich Schriftstellerin geworden.

Schon als Jugendliche bemerkte ich, dass bei uns einige Leute viel Geld hatten und andere ganz wenig. Das fand ich ungerecht. Seit damals habe ich von einem Land geträumt, wo es allen Menschen gleich gut geht und es keine armen Leute mehr gibt. In meinen Büchern habe ich von meinem Traum erzählt. Meine Bücher wurden in vielen Ländern gelesen, weil ich spannend und interessant schrieb. Einige Bücher wurden sogar verfilmt.

Als die Nationalsozialisten in Deutschland die Macht übernahmen, wurde es für mich gefährlich. Ich war Jüdin und meine Bücher wurden verboten.

Zusammen mit meinem Mann und unseren beiden Kindern musste ich fliehen. Wir gingen zuerst nach Paris. Dann wurde es auch dort zu gefährlich. Wir flohen nach Mexiko.

Hier habe ich andere Flüchtlinge kennen gelernt. Gemeinsam versuchten wir, von Mexiko aus gegen die Nazis zu kämpfen. Ich schrieb Bücher und Zeitungsartikel über die schrecklichen Taten der Nazis. Außerdem machte ich Vorschläge, wie die Menschen in Deutschland wieder friedlich zusammen leben könnten.

Nach dem Krieg wurden aus Deutschland zwei Staaten gemacht: die Bundesrepublik

und die DDR. Ich hatte mich dafür entschieden, in der DDR zu leben. Hier sollte das Land meiner Träume sein.

Leider war nicht alles so, wie ich es mir gewünscht hatte. Wer mit den Politikern nicht einverstanden war, bekam große Schwierigkeiten. Manche Schriftsteller kamen deshalb ins Gefängnis. Ihre Bücher wurden verboten. Ich war darüber entsetzt. Aber ich habe mich nicht getraut, laut gegen die Politiker zu sprechen. Ich hoffte immer noch, dass in der DDR[1] alles besser werden würde.

ANMERKUNG
1) Seit 1990 sind die DDR und die Bundesrepublik Deutschland wieder in einem Staat vereint.

Mary Sommerville

Ich wurde 1870 in Schottland geboren. Ich war das fünfte von sieben Kindern. Erst mit zehn Jahren durfte ich auf eine Schule gehen. Das ärgerte mich, denn mein jüngerer Bruder bekam schon lange vor mir Unterricht. Auch durfte ich nicht lange auf der Schule bleiben, da man zu der Zeit meinte, zu viel Wissen würde Mädchen und Frauen nicht gut tun. Deshalb verbot mein Vater mir, mich mit Mathematik und mit fremden Sprachen zu beschäftigen. Ich wollte aber lernen. So begann ich, mir selbst Sprachen und Mathematik beizubringen. Nachts las ich heimlich Bücher. Oft beobachtete ich auch die Natur, um zu lernen. Besonders gern löste ich abends im Bett Mathematikaufgaben aus Frauenzeitschriften. Meine Eltern merkten das und nahmen mir die Kerzen weg.

Mit 24 Jahren wurde ich verheiratet. Mein Mann hatte die gleiche Meinung wie meine Eltern. So konnte ich auch als verheiratete Frau nicht weiter lernen. Ich bekam zwei Kinder und kümmerte mich um den Haushalt. Nach drei Jahren starb mein Mann und ich begann sofort damit, schwierige Mathematikaufgaben zu lösen.

Nur mein Cousin, William Sommerville, verstand mich. Er wollte mir helfen und besorgte mir immer neue Mathematikaufgaben. Für das richtige Lösen von Mathematikaufgaben bekam ich einmal sogar einen Preis. Auch mit anderen Wissenschaftlern machte mich mein Cousin bekannt. Mit ihm konnte ich sehr gut zusammenarbeiten. Später heiratete ich ihn.

Nach und nach interessierte ich mich neben der Mathematik auch für andere Fächer wie Geologie (Wissenschaft vom Bau der Erde),

Astronomie (Sternen- und Himmelskunde) und Botanik (Pflanzenkunde). Ich schrieb viele Bücher über meine Forschungen. So haben meine Entdeckungen in der Sternenkunde dazu beigetragen, dass der Planet Neptun entdeckt wurde. Nach einigen Jahren zogen mein Mann und ich nach Italien. Dort waren gelehrte Frauen zu der Zeit schon mehr geachtet als in meiner Heimat. Im Laufe der Jahre wurden meine Arbeiten immer mehr anerkannt und meine Bücher wurden große Erfolge.

Für meine Arbeiten erhielt ich nun viele Ehrungen und Preise. Später bekam ich sogar eine monatliche Rente, damit ich im Alter gut leben konnte. Das war für eine Frau zu meiner Zeit etwas ganz Besonderes.

Virginia Woolf

Ich wurde 1882 in England geboren. Meine Eltern waren reich und gelehrt. Sie brachten mir Lesen und Schreiben bei. Schon mit neun Jahren schrieb ich wöchentlich eine Hauszeitung.

Ich war gerade 13 Jahre alt, als meine Mutter starb. Das war das Schlimmste, was mir passieren konnte! Vor Kummer wurde ich sehr krank: Ich hatte einen Nervenzusammenbruch. Mein Vater war hart und streng. Und von meinen beiden älteren Brüdern wurde ich acht Jahre lang schlimm misshandelt. Das war schrecklich. Mit meinem Vater konnte ich nicht darüber reden.

Ich sehnte mich danach, zur Schule zu gehen. Mädchen durften das nicht. Ich fand es so ungerecht, dass nur meine Brüder zur Schule gingen. Und dabei war ich doch so neugierig aufs Lernen.

Als ich 21 Jahre alt war, starb auch mein Vater. Ich wurde wieder seelisch krank. Das Schreiben war mein Weg, um neuen Lebensmut zu schöpfen. Es tat so gut, mir alles von der Seele zu schreiben. Und alle sollten lesen, was ich dachte: Ich wollte, dass Mädchen genau wie Jungen eine Schulausbildung bekommen. Ich wollte, dass Frauen das Gleiche dürfen wie Männer.

Ich hatte viele gute Ideen und ich schrieb sie alle auf. Manchmal konnte ich gar nicht aufhören zu schreiben. Ich arbeitete dann bis zur völligen Erschöpfung an einem Buch. Es sollte so gut wie möglich werden! Manchmal wurde ich davon wieder krank. Ich glaube, ich brauchte diese Zeiten des Krankseins. Meine Seele musste so vieles „verdauen".

Als ich 30 Jahre alt war, heiratete ich einen wunderbaren Mann. Er war immer für mich da,

wenn ich ihn brauchte. Auch wenn ich krank war, stand er mir liebevoll bei. Wir gründeten gemeinsam einen Buchverlag. Jetzt konnten wir meine Bücher und Texte selbst drucken und veröffentlichen. Meine Bücher fanden immer mehr Beachtung. Das war mir sehr wichtig, denn ich hatte Angst zu versagen. Genug Geld habe ich leider nie für meine Arbeit bekommen.

Beim Bücherschreiben war ich allein. Aber ich kümmerte mich auch um meine Freundschaften. Eine meiner Freundinnen habe ich richtig geliebt. Das hat manchen Leuten nicht gefallen. Ich glaube aber, man kann jeden Menschen innig lieben – egal ob Mann oder Frau.

Leyla Zana

Ich wurde 1961 in Kurdistan geboren. Meine Familie und ich gehören zum kurdischen Volk. Kurdistan ist ein großes Land, es gehört uns aber nicht. Als die Kurden vor vielen Jahren einen eigenen Staat gründen wollten, wurde das von anderen Ländern verhindert. Kurdistan wurde auf die Nachbarländer aufgeteilt. Es liegt heute in den Staaten Türkei, Iran, Irak, Syrien und Armenien.

Meine Stadt gehört zur Türkei. Bei uns wurden alle kurdischen Schulen und Vereine verboten. Außerdem durften wir unsere Sprache nicht mehr sprechen.

Mit 14 Jahren wurde ich verheiratet und ich bekam zwei Kinder. Mein Mann wurde Bürgermeister in einer großen Stadt. Doch ein paar Jahre danach wurde er verhaftet, wie viele andere Kurden auch. Unser Volk wurde jetzt noch mehr unterdrückt.

Ich wollte unbedingt etwas tun. Gemeinsam mit Freunden half ich den Gefangenen und deren Familien. Ich schrieb in kurdischen Zeitungen darüber, dass die Gefangenen gefoltert wurden. Deswegen wurde auch ich verhaftet. Nach zwei Monaten kam ich aus dem Gefängnis. Ich kämpfte weiter für mein Volk. Schließlich wurde ich als Abgeordnete in das türkische Parlament gewählt.

Gleich zu Beginn meiner Arbeit stand ich vor einem Problem: Ich musste schwören, dass ich die türkische Politik achten würde. Das konnte ich so nicht tun, denn diese Politik unterdrückt mein Volk. Ich las also den türkischen Satz vor, wie es von mir verlangt wurde. Aber dann sagte ich auf Kurdisch, dass ich für ein friedliches Zusammenleben des türkischen und kurdischen Volkes kämpfen würde.[1] Die

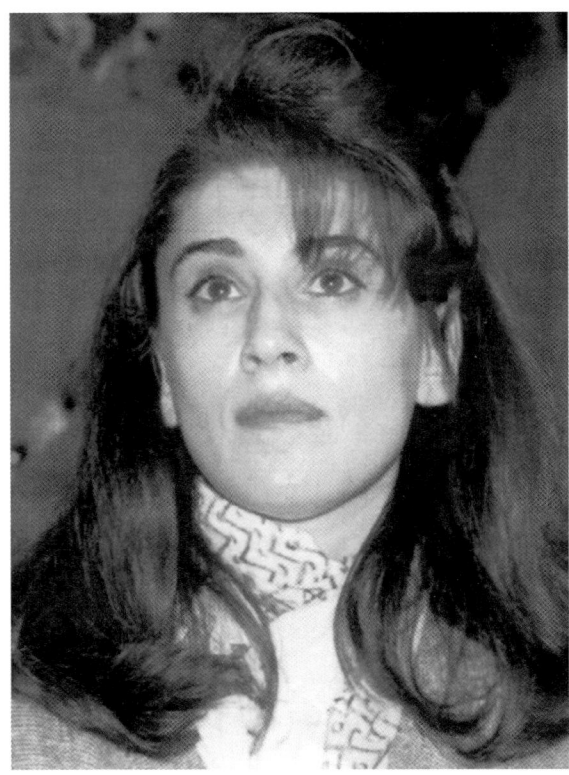

kurdischen Wörter regten die türkischen Abgeordneten sehr auf. Sie beschimpften mich als Verräterin.

Bald darauf wurde meine Familie bedroht. Zweimal versuchte man mich umzubringen. Doch ich tat meine Arbeit weiter. Zusammen mit Freunden reiste ich durch Europa und nach Amerika, um über die Verfolgung der Kurden in der Türkei zu berichten. Nach der Rückkehr wurden wir verhaftet. Ich erhielt eine Gefängnisstrafe von 15 Jahren. Viele Menschen machten mir Mut. Weltweit haben sich 5000 Frauen angeboten, für mich einen Tag ins Gefängnis zu gehen, um meine Haft zu verkürzen.

ANMERKUNG
1) Auf Kurdisch heißt der Satz: Ez ve sûndxwarinê bi navê biratîya gelê tirk û kurd dikim.

Ungewöhnliche Männer

Thomas Beckmann

Ich wurde 1957 in Düsseldorf geboren. Unsere Familie war sehr musikalisch. Mit zwölf Jahren hörte ich zum ersten Mal ein Cello.

Dieser tiefe, wohlige Klang ging mir direkt ans Herz.

Ich dachte: „Dieses Gefühl werden auch die anderen Menschen haben, wenn sie es hören." Von diesem Moment an hatte ich nur ein Ziel: Ich wollte die Menschen mit dem warmen Ton des Cellos verzaubern. Die ersten Jahre waren für mich sehr mühsam und ich musste viele Stunden üben, doch ich hatte immer mein Ziel vor Augen. Nebenbei trieb ich viel Sport, denn das Cellospielen verlangt Kraft.

Während ich studierte, hatte ich ein eigenes Zimmer. Dort habe ich im Winter obdachlose Menschen[1] bei mir schlafen lassen, weil sie mir Leid taten.

Nach meinem Studium fing ich an, Konzerte zu geben und meine erste Schallplatte zu veröffentlichen. Diese Schallplatte wurde nach einem Jahr die erfolgreichste Celloplatte der Welt.

Meine Heimatstadt ehrte mich, indem sie mir eine Wohnung in der Düsseldorfer Altstadt zur Verfügung stellte. Während dieser Zeit konnte ich beobachten, wie viele Menschen auf der Straßen liegen und keine Wohnung haben. Die Besucher der Altstadt sitzen im Winter in den Restaurants und schauen aus dem Fenster. Sie essen und trinken gut gelaunt, obwohl die armen Menschen draußen erfrieren. Deshalb sammelte ich Geld, um diesen obdachlosen Menschen Schlafsäcke kaufen zu können.

Nach einem schweren Autounfall beschloss ich, in ganz Deutschland für obdach-

lose Menschen Geld zu sammeln. Ich nannte diese Aktion GEMEINSAM GEGEN KÄLTE.

Ich gab in allen großen deutschen Städten Konzerte und das Geld, das ich dabei verdiente, gab ich den Obdachlosen. Mein Cello ist meine Waffe im Kampf gegen die Winterkälte und gegen die Kälte in den Herzen der Menschen. Mein Cello ist mein Freund. Es lässt mich nie im Stich, auch wenn ich einmal müde bin. Dieses Cello gehörte früher einem Pariser Bettler. Weil es so schön klingt, wollte er es zuerst nicht verkaufen. Zu seiner Ehre trägt das Cello heute noch den Namen „Il Mendicante", das heißt „Der Bettler".

ANMERKUNG
1) Menschen, die keine Wohnung haben und auf der Straße leben müssen.

Karlheinz Böhm

Ich wurde 1928 in Darmstadt geboren. Mein Vater war dort Dirigent und Operndirektor. Schon als kleiner Junge war ich deshalb oft in der Oper und bei Konzerten. Ich liebte die Musik. Durch meine Großmutter entdeckte ich meine Liebe zur Natur. Die Berge mochte ich besonders gern. Nach der Schule studierte ich zuerst Deutsch und Englisch, aber ich entschloss mich bald, doch lieber auf die Schauspielschule nach Wien zu gehen.

Als Schauspieler wurde ich sehr berühmt. Ich sah viele Länder und lernte viele verschiedene Menschen kennen. Ich sah aber auch, dass es besonders in Afrika vielen Menschen schlecht geht. Ich wollte ihnen gerne helfen, ich wusste aber noch nicht wie.

Bei den Filmaufnahmen kamen meine Freunde und ich oft ins Nachdenken über den Sinn des Lebens. Durch die gemeinsamen Gespräche bekam ich so viel Kraft, dass ich mein Leben total änderte.

Ich gab den Schauspielberuf auf und gründete den Verein „Menschen für Menschen". Mit diesem Verein unterstützen wir Menschen in Äthiopien, das ist ein Land im Norden Afrikas. Seitdem bin ich viele Monate im Jahr in Äthiopien, um die Menschen dort in ihren Dörfern beim Aufbau des Landes zu unterstützen.[1] So bauen wir Brunnen zur Bewässerung der Felder und Schulen für die Kinder. Das Geld dafür bekomme ich durch Spenden, wenn ich in Europa Vorträge über unsere Arbeit halte. Meine Frau und viele andere unterstützen mich bei meiner Arbeit sehr und ich bin glücklich, zwei gesunde Kinder zu haben.

Mein größter Wunsch ist es, dass eines Tages die äthiopische Regierung zu mir käme, um mir zu sagen, dass sie keine Hilfe mehr benötige, weil das Land stark genug geworden ist. Aber bis dahin hoffe ich, dass ich noch lange gesund und kräftig bin, um diese Arbeit fortzuführen.

ANMERKUNG
1) In Äthiopien herrschte sehr lange Krieg. Das Land ist sehr arm.

Charlie Chaplin

Ich wurde 1889 in London geboren. Meine Eltern waren sehr erfolgreiche Sänger und Tänzer in England. Sie trennten sich, als ich noch ein Baby war. Gemeinsam mit meinem älteren Bruder wuchs ich bei unserer Mutter auf. Sie musste alleine für uns sorgen. Um das Geld für uns zu verdienen, arbeitete sie viel im Theater. Ich liebte das Theater. Mit fünf Jahren hatte ich meinen ersten öffentlichen Auftritt. Ich sprang für meine Mutter ein, weil sie auf der Bühne plötzlich keine Stimme mehr hatte. Bald wurde sie immer häufiger krank, bis sie ihre Stimme ganz verlor.

Über mich brach ein Leben wie unter einer Wolke von Traurigkeit herein. Wir mussten in ein Armenhaus gehen. Mit sieben Jahren war ich mir sicher, dass ich nichts anderes als Schauspieler werden wollte. Bis dahin hatte ich viele Jobs, z. B. Holzhacker, Spielzeugmacher, Blumenverkäufer, Laufbursche, Glasbläser und Arbeiter in einer Druckerei und Papierfabrik.

Mit 17 Jahren fand ich endlich die ersehnte Anstellung als Schauspieler in einer Gruppe. Aber bald ärgerte es mich, dass ich hier immer den Befehlen anderer gehorchen musste. Ich wollte etwas Besonderes machen: meine eigene Kunst. So schlüpfte ich z. B. in Kleider, die mir nicht passten und spielte oft den Vagabunden. Mit 24 Jahren begann meine Laufbahn als Filmschauspieler. Ich drehte meine ersten Stummfilme. In meinen Filmen hatte ich immer mehrere Rollen: Ich war Regisseur (Spielleiter), Schauspieler, Tänzer und oft habe ich auch die Musik selbst geschrieben. Ich arbeitete unermüdlich und war verliebt in meine Arbeit. Ich hatte großen Erfolg und wurde reich.

Obwohl ich berühmt war, fühlte ich mich oft einsam. Dann hat es mich besonders zur Musik hingezogen, die mir Trost gab. Ich habe in meinem Leben viel Cello und Geige gespielt.

Ich wünschte mir immer eine Familie mit Kindern. Ich wollte ihnen eine glücklichere Kindheit geben als ich sie hatte. Ich war viermal verheiratet und bin stolzer Vater von zehn Kindern.

Für meine künstlerische Arbeit bekam ich mehrere Auszeichnungen. Mit 86 Jahren wurde ich von der englischen Königin zum Ritter geschlagen.

Dalai Lama

Als Sohn einer armen Bauernfamilie wurde ich 1935 in einem kleinen Dorf in Tibet geboren. Tibet liegt in Asien. Den religiösen und staatlichen Führer unseres Landes nennen wir Dalai Lama. Als ich vier Jahre alt war, kamen Männer in unser Dorf. Sie suchten den Nachfolger des 13. Dalai Lama. Nach ganz besonderen Prüfungen wurde ich als der neue Dalai Lama erkannt.

Unsere Religion heißt Buddhismus. Wir glauben, dass unsere Seelen immer wiedergeboren werden und sich so in jedem Leben weiterentwickeln können. Wir glauben auch, dass wir ein glückliches Leben führen können, wenn wir selbst Gutes tun. Deshalb bemühen wir uns täglich, achtsam und liebevoll mit allen Tieren, Pflanzen und Menschen umzugehen, sogar dann, wenn jemand unfreundlich oder gemein zu uns ist.

Schon mit fünf Jahren wurde ich Mönch in einem buddhistischen Kloster. Viele Jahre lernte und betete ich dort mit anderen Mönchen zusammen. Mit 15 Jahren machte man mich zum Staatsoberhaupt. Damals wollte China, unser großes Nachbarland, wieder einmal über uns Tibeter herrschen; die Chinesen marschierten mit vielen Soldaten in unser Land ein.

Zuerst gelang es, eine friedliche Lösung zu finden. Leider hielt sich China nicht an unsere Verabredungen und die Menschen in Tibet mussten immer mehr tun, was die Chinesen wollten. Eines Tages konnte ich mein Volk nicht mehr zurückhalten, sich mit Waffen gegen die Chinesen zu wehren. Es gab blutige Kämpfe und viele Tote. Mir selbst gelang es, mit einigen anderen nach Indien zu fliehen.

Auch wenn die Chinesen unser Land noch immer unterdrücken, ist in meinem Herzen kein Hass gegen sie. Ich bete für sie, dass sie ihren Irrtum erkennen. Ich bin voller Hoffnung, dass unser Land Tibet eines Tages wieder frei sein wird, ohne dass wir dafür Krieg führen müssen. Trotz dieser schweren Lage suche ich das Lachen und die Freude. Ich reise in viele Länder und erzähle den Menschen dort von Tibet, damit sie uns auf friedliche Weise helfen. Für mich sind Güte und Mitgefühl mit anderen Menschen das Wichtigste im Leben.

Henry Dunant

Ich wurde 1828 in Genf geboren.

Das schrecklichste und zugleich wichtigste Erlebnis meines Lebens hatte ich auf einer Reise in Italien. In der Nähe der Stadt Solferino hatte es eine Schlacht gegeben. Viele Tote und Verwundete waren zurückgeblieben. Ich versuchte, den Verwundeten zu helfen und sie zu trösten. Doch es gab nicht genügend Hilfe für alle. Ich wusste, so etwas darf sich nicht wiederholen.

Deshalb schrieb ich das Buch „Eine Erinnerung an Solferino". Darin forderte ich die Gründung eines Vereins, der Verwundeten im Krieg und Opfern nach Überschwemmungen oder Seuchen Hilfe leistet. Das Buch wurde überall gelesen, und 1863 wurde dieser Verein tatsächlich gegründet: Das Rote Kreuz.

Daraufhin schrieb ich Briefe an die Regierenden der Länder Europas und an die amerikanische Regierung. So gelang es mir, dass führende Vertreter dieser Länder in Genf zusammenkamen und einen Vertrag unterschrieben. Darin wurde festgelegt, dass allen Verwundeten im Krieg geholfen werden soll, auch wenn es sich um Feinde des Landes handelt. Außerdem wurde das Schutzzeichen für alle Helfer und Helferinnen festgelegt: das rote Kreuz auf weißem Grund. Dieser Vertrag, auch Genfer Konvention von 1864 genannt, ist bis heute gültig!

In anderen Bereichen war ich nicht so erfolgreich. Ich hatte mich mit einem Unternehmen im Ausland hoch verschuldet. Da ich das Geld nicht zurückzahlen konnte, musste ich aus Genf fliehen. Die Mitglieder des Roten Kreuzes wollten deshalb nichts mehr mit mir zu tun haben. Sie strichen meinen Namen von der Vereinsliste. Alles, was ich für den Verein getan hatte, wurde von ihnen abgestritten. Ich wurde sehr krank und litt unter Einsamkeit. Die hohen Schulden würde ich in meinem Leben nicht mehr abbezahlen können. Dafür schämte ich mich sehr.

Dennoch gab es Menschen, die mich nicht vergessen hatten und die zu mir hielten. Ihnen habe ich es zu verdanken, dass ich für die Idee des Roten Kreuzes und der Genfer Konvention doch noch den Friedensnobelpreis bekommen habe.

Heinz Erven

Ich wurde im Jahr 1900 in Brühl bei Köln geboren. Ich hatte noch neun Geschwister. Schon als kleines Kind fühlte ich mich sehr mit der Natur verbunden. Als Achtjähriger bepflanzte und pflegte ich unseren Vorgarten. Es kam oft vor, dass Leute stehen blieben und fragten: „Junge, wie machst du das nur, dass bei dir die Blumen so besonders schön blühen?"

Nach dem Besuch des Gymnasiums wollte ich gerne praktisch arbeiten. Ich wurde Volontär[1] in einem landwirtschaftlichen Betrieb am Rhein. Später studierte ich und wurde Diplom-Landwirt. Dadurch bekam ich eine Stelle als Landwirtschafts- und Gemüsebaulehrer. Ich war auch beteiligt an einer großen so genannten „Pflanzenschutzorganisation". Diese führte regelmäßig Spritzungen mit den schlimmsten Giften durch, um z. B. eine Ungezieferplage bei den Pflanzen zu vermeiden. Für diese Organisation war ich als Reporter tätig. Ich berichtete über den „Erfolg" der Giftspritzaktionen.

Eines Tages jedoch besuchte ich einen kleinen Gemüsebauern. Er konnte sich die teuren Spritzmittel und Kunstdünger nicht leisten. Er düngte alles mit eigenem Kompost, also biologisch mit Mist und Gartenabfällen. Aber: Sein Gemüse war nie von Ungeziefer vernichtet worden! Und es schmeckte viel besser! Dieses Erlebnis machte mich zum ersten Mal nachdenklich. Ich begann sofort, unseren Garten biologisch zu bearbeiten.

Mit 48 Jahren erlitt ich einen schweren Motorradunfall. Später war ich dankbar dafür. Denn im Krankenhaus hatte ich erstmals Zeit, über den Sinn des Lebens nachzudenken. Ich beschloss noch im Krankenbett, nie wieder mit Gift zu arbeiten. Ich wollte gemeinsam mit meiner Frau irgendwo aus einem Stück Ödland ein Naturparadies schaffen. Dort sollte gesunde Nahrung für Menschen heranwachsen, ohne Gift und ohne schädliche Stoffe. Bald fanden wir ein Stück Land in Remagen am Rhein. Nach vielen Jahren gemeinsamer Arbeit entstand dort das „Paradies. Biologischer Obst- und Gemüseanbau. Private biologische Lehr- und Versuchsanstalt". Die erste dieser Art in Deutschland.

Heute können Menschen hierher kommen, um zu lernen, wie man ohne Gift und ohne schädlichen Kunstdünger wohlschmeckendes, gesundes Obst und Gemüse anbaut.

ANMERKUNG
1) Ein Volontär ist hier jemand, der in einem Betrieb lernt und mitarbeitet, ohne dafür bezahlt zu werden.

Hermann Gmeiner

Ich wurde 1919 in Österreich geboren. Als ich fünf Jahre alt war, starb meine Mutter. Zum Glück mussten meine Geschwister und ich nicht in ein Heim. Denn unsere älteste Schwester hat sich um uns gekümmert.

Als Erwachsener wurde ich aufmerksam auf das Schicksal vieler Kinder, die keine Eltern mehr hatten. Sie kamen in Heime. Doch oft war es dort für die Kinder schrecklich. In mir entstand die Idee, ein Dorf für Waisenkinder zu bauen.

In jedem Haus des Dorfes sollte eine Kinderdorf-Mutter mit vielen Kindern leben. Jede Familie würde selbst kochen und den Haushalt führen. So könnten sie ihre eigene Besonderheit entwickeln. Alle Kinder sollten in eine öffentliche Schule gehen, um Kontakt zu Kindern aus der Stadt zu bekommen und Freundschaften zu schließen. Die Kinderdorf-Familie sollte auch für die erwachsenen Kinder ein Zuhause bleiben.

Ich setzte alles daran, für diese Idee einen Weg zu finden. Zunächst gründete ich einen Verein und nannte ihn Societas Socialis (soziale Gesellschaft). Diesen Namen kann man mit SOS abkürzen. So heißt auch der internationale Hilferuf. Zusammen mit meinen Mitarbeitern bemühte ich mich um Geld und ein Grundstück. Mit den Behörden gab es viele Schwierigkeiten, weil sie von meiner Idee nichts hielten.

Mittlerweile hat sich die SOS-Kinderdorf-Idee durchgesetzt. Es gibt Kinderdörfer auf der ganzen Welt. Die Dörfer sehen sehr unterschiedlich aus. Sie sind so gebaut, wie es in den jeweiligen Ländern üblich ist. Kinder aller Sprachen und Hautfarben leben dort. Sie haben verschiedene Religionen, unterschiedliche Sitten und Gewohnheiten und sie feiern unterschiedliche Feste. Aber alle sind durch die SOS-Kinderdorf-Idee wie durch ein unsichtbares Band miteinander verbunden und sie müssen nicht in ein Waisenhaus.

Walter Herrmann

Ich wurde 1939 in Süddeutschland geboren. Als Student kam ich nach Köln. Dort lernte ich viele Jugendliche kennen, die zu Hause Probleme hatten und nicht wussten, wo sie leben konnten. Gemeinsam mit anderen erreichte ich, dass sie in einem leer stehenden Haus wohnen bleiben durften.

Einige Jahre später verlor ich selbst meine Wohnung, denn meine Vermieter kündigten mir. Ich entschied mich, obdachlos zu werden. Jetzt erst fiel mir auf, wie viele Menschen keine Wohnung haben. Deshalb wollte ich, dass mehr Leute von der Wohnungsnot anderer erfahren: Mit Pappkarten und einem Holzgestell ging ich in die Fußgängerzone in Köln. Leute, die vorbeikamen, konnten ihre Meinung zu Wohnungsnot und Obdachlosigkeit auf eine Pappe schreiben. Bald sahen die vielen aufgehängten Pappkarten wie Steine einer Mauer aus. Es entstand eine Mauer mit Bitten und Wünschen: eine Klagemauer zur Wohnungsnot.

Als es 1991 zum Golfkrieg[1)] kam, zog ich mit der Klagemauer vor den Kölner Dom. Hier vor den Toren der Kirche konnten die Menschen ihre Friedenswünsche aufschreiben. So wurde daraus eine Klagemauer für den Frieden in der Welt und für Gerechtigkeit.

Manche Leute wurden wütend über die Klagemauer. Nachts griffen sie die Wächter an und zerstörten die Pappkarten. Doch sie konnten nicht verhindern, dass die Klagemauer größer wurde. Bis heute sind mehr als 50.000 Pappkarten geschrieben worden.

Im Laufe der Zeit benutzten immer mehr Menschen die Klagemauer, um auf ihre Not aufmerksam zu machen. Dadurch konnten alle sehen, dass viele Menschen in Köln arm sind. Doch der Kirche und der Stadt Köln wurde es vor dem Dom zu schmuddelig. Daraufhin setzten sie ein Verbot der Klagemauer durch.

Dennoch ist sie in der ganzen Welt bekannt geworden. Teile der Mauer wurden in Amerika, Israel und England ausgestellt. In Japan entstand sogar eine eigene Klagemauer.

1998 habe ich zusammen mit anderen, die sich auch für die Klagemauer eingesetzt haben, den Aachener Friedenspreis erhalten.

ANMERKUNG
1) Der 2. Golfkrieg wurde durch den Einmarsch des Iraks in Kuwait ausgelöst. Unter der Führung der USA wurde der Irak durch wochenlange Luftangriffe schließlich zum Rückzug gezwungen.

Walter Homberg

Ich wurde 1938 in Westfalen geboren. Meine Mutter erzog mich mit viel Liebe, mein Vater mit viel Strenge. Von ihm bekam ich oft Schläge. Ich sollte ein „richtiger Junge" sein.

Nach der Schule machte ich eine Lehre als Bankkaufmann. Ich mochte meinen Beruf sehr gern. Später war ich glücklich verheiratet und wir bekamen ein Kind. Als unsere Tochter vier Jahre alt war, verstanden meine Frau und ich uns nicht mehr. Wir ließen uns scheiden. Wie üblich kam unser Kind zur Mutter und ich wollte alleine leben.

Aber unserer Tochter ging es mit ihrer Mutter und deren neuem Freund gar nicht gut. Sie aß nicht mehr, sie trank nicht mehr und sagte immer nur: „Ich will zu Papa. Ich will zu Papa."

Unsere Tochter setzte ihren Willen durch und zog zu mir. Plötzlich hatte ich einen Beruf und zusätzlich ein kleines Kind zu versorgen. Das war vielleicht schwierig!

Zuerst half mir eine Kinderfrau, wenn ich arbeiten ging. Als meine Tochter zur Schule kam, bin ich in der Mittagspause immer schnell nach Hause gefahren und habe Essen gemacht. Nachmittags war meine Tochter dann bei Nachbarn. Und wenn ich beruflich unterwegs war, schlief sie auch schon mal bei Freunden. In dieser Zeit war ich hin- und hergerissen: Ich wollte ein guter Vater sein und mein Kind mit viel Liebe erziehen. Ich wollte aber auch in meinem Beruf gut arbeiten.

Heute ist meine Tochter erwachsen. Für mich waren die Jahre mit ihr wie ein großes Geschenk, auch wenn die Zeit sehr anstrengend war. Vielleicht habe ich deshalb in meinem Beruf nicht so viel erreicht. Aber was soll's! Die Zeit mit meiner Tochter war mir wichtiger. Es ist schön zu erleben, wie ein Kind groß und stark wird. Als allein erziehender Vater habe ich neue Talente entwickelt: Ich kann gut kochen und auch der Haushalt geht mir locker von der Hand.

Durch das Zusammenleben mit meiner Tochter und durch Freundschaften mit Frauen habe ich wichtige Dinge für ein gutes Leben gelernt: Höre zuerst darauf, was dein Herz sagt. Dann benutze deinen Verstand, um es in die Tat umzusetzen.

Earvin „Magic" Johnson

Ich wurde 1959 als viertes von sieben Kindern in den USA geboren. Meine Eltern mussten eine große Familie durchbringen. Sie arbeiteten hart. Geld für Luxus blieb uns nicht. Für mich war Kleidung immer ein besonderes Problem, denn ich wuchs sehr schnell. Heute bin ich mit 2,09 Metern ausgewachsen.

Schon als Kind verbrachte ich jede freie Minute auf Basketballplätzen. Ich spielte viel gegen ältere Jungen, um besser zu werden. Mit meinem Vater habe ich mir die Basketballspiele der Profimannschaften angesehen. Basketballstars waren meine Vorbilder. In der Schule war ich ein besonders guter Basketballspieler. Als ich 15 Jahre alt war, gab mir ein Reporter den Spitznamen „Magic". Magic bedeutet soviel wie Zauber oder Wunder. Diesen Namen behielt ich für immer. Ich schaffte es, einer der besten Basketballspieler Amerikas zu werden. Dreimal wurde ich als Superstar ausgezeichnet.

Nach einer der regelmäßigen Untersuchungen beim Sportarzt erhielt ich eine schockierende Nachricht: In meinem Blut wurde der HIV-Virus gefunden, der Aids[1] auslösen kann. Ich fiel aus allen Wolken, damit hatte ich nie im Leben gerechnet. Ich erklärte öffentlich meinen Rücktritt als Basketballprofi. Meine Frau Cookie erwartete ein Baby. Wir hatten große Angst, dass unsere ganze Familie Aids bekommen könnte. Zum Glück ergab Cookies Bluttest, dass sie gesund war.

Von nun an stellte ich mein ganzes Leben um: Ich machte es mir zum Ziel, weltweit auf Aids aufmerksam zu machen. Da ich so berühmt war, hörte mir die Öffentlichkeit zu. Ich setze mich für eine sachliche Aids-Diskussion ein: Denn nicht nur Homosexuelle und Drogenabhängige können Aids bekommen, sondern alle Menschen. Ich informiere bei Freundschaftsspielen, TV-Auftritten und Interviews darüber, wie wir uns vor Aids schützen können. Auch Kinder sollen dies wissen. Ich ermutige Aidskranke, ihr Leben selbstbewusst und mit Zuversicht weiterzuleben. Im April 1998 wurde ich zum UNO-Friedensbotschafter[2] ernannt.

ANMERKUNGEN
1) Aids bewirkt eine totale Abwehrschwäche des Körpers. Jede kleinste Krankheit kann lebensbedrohlich werden.
2) UNO ist die englische Abkürzung für United Nations Organization, deutsch: Vereinte Nationen. In der UNO arbeiten VertreterInnen aller Länder zusammen mit dem Ziel, Frieden in der Welt zu schaffen.

Wilhelm Kaisen

Geboren wurde ich 1887 in Hamburg. Gemeinsam mit meinen vier Geschwistern bewohnten wir eine Einzimmerwohnung. Mein Vater war Maurer und verdiente sehr wenig Geld. So musste ich mitverdienen und trug schon vor Schulbeginn die Zeitung aus. Die Schulferien verbrachte ich auf dem Bauernhof meiner Großeltern. Das gehört zu den schönsten Erinnerungen meiner Kindheit. Mein Großvater war ein Mann mit starkem Willen. Er sah stets das Gute im Leben. Seine Worte „Jung, kiek nich in't Muuslok, kiek in'e Sunn!" begleiteten mich mein Leben lang.

Nachdem ich die Schule beendet hatte, arbeitete ich in einer Fabrik. Die Arbeit dort war anstrengend und hart. Ich wollte für alle bessere Arbeitsbedingungen erkämpfen. Doch ohne Wissen würde ich trotz meiner guten Ideen nichts erreichen. So ging ich nach Berlin und studierte Politik. Dort lernte ich auch meine zukünftige Frau, Helene Schweida, kennen. Sie kämpfte für die Rechte der Frauen. Gemeinsam zogen wir nach Bremen, wo ich als Journalist arbeitete. Bald darauf wurde ich in den Bremer Senat[1] gewählt. Meine Aufgabe bestand darin, den schwachen und hilfsbedürftigen Menschen Arbeit und Wohnraum zu verschaffen. Damals verdiente ich viel Geld und ich beschloss, einfach einen Teil davon für die Armen abzugeben.

Einige Jahre später kam Hitler an die Macht und begann den Zweiten Weltkrieg. Ich musste meine Arbeit aufgeben und wurde verhaftet, weil ich gegen die Nazis war. Nach meiner Freilassung flüchtete ich mit meiner Familie aufs Land. Wir mussten hart arbeiten, um zu überleben.

Nachdem Deutschland den Krieg verloren hatte, wurde ich in den Bremer Senat zurückgeholt. Die Häuser in Bremen waren zum größten Teil zerstört und mussten nun wieder aufgebaut werden. Ich machte vielen Menschen Mut. Zusammen mit anderen klopfte auch ich Steine sauber. Viele Obdachlose durften mit diesen Steinen dann in ihren Schrebergärten kleine Häuser bauen – die „Kaisenhäuser". Ich beschaffte Arbeitsplätze für viele Menschen. Am Rande der Stadt ließ ich eine Wohnsiedlung errichten, um 40.000 Menschen wieder ein Zuhause zu geben.

Auch in diesen schwierigen Zeiten habe ich nie den Glauben an die Zukunft verloren, denn die Worte meines Großvaters ermutigten mich, immer weiterzumachen. So wurde ich mit 58 Jahren zum Bürgermeister der Stadt Bremen gewählt und durfte es noch 20 Jahre bleiben. Man schlug mich sogar als Bundespräsident vor, doch ich wollte mich mit ganzem Herzen Bremen widmen.

ANMERKUNG
1) Der Bremer Senat ist die Regierung der Stadt Bremen.

Andreas Kammerbauer

Ich wurde 1961 in Hochheim am Main geboren. Durch das Arzneimittel „Contergan"[1) bin ich von Geburt an körper- und hörbehindert. Ich habe stark verkürzte Arme, unterschiedlich lange Beine und dadurch eine Hüftverschiebung. Meine unsichtbare Behinderung – die Hörbehinderung – wurde von den Ärzten nicht erkannt. Ich erhielt deswegen keine Hörhilfe und keine gezielte Frühförderung. Mit meinen Freunden aus dem Kindergarten durfte ich daher auch nicht zusammen in die Grundschule gehen.

Später bekam ich endlich ein Hörgerät. Trotzdem musste ich in eine Lernbehindertenklasse gehen. Bis dahin konnte ich das Gesagte nur von den Lippen ablesen, um verstehen zu können. Danach besuchte ich eine besondere Hörbehindertenschule und schaffte den Realschulabschluss. Doch damit war ich nicht zufrieden: Ich wollte das Abitur machen! Die Suche nach einer höheren Schule war nicht einfach. In Süddeutschland fand ich endlich eine geeignete Schule. Meine Mutter sprach von einem Glücksgriff. Ich sei dort richtig „aufgeblüht". Dort begann ich mit meinen politischen Tätigkeiten.

Mit 21 Jahren fing ich an, Politik zu studieren. In dieser Zeit habe ich mich ehrenamtlich, also ohne dafür Geld zu bekommen, für die Rechte Behinderter eingesetzt. Damals schon und noch heute kämpfe ich gegen Umweltzerstörung und für gesunde Lebensbedingungen. Ich arbeite für ein friedliches Miteinander aller Lebewesen auf unserer Erde. Dadurch dauerte mein Studium länger. Aber darüber bin ich gar nicht traurig. Mit 31 Jahren schloss ich mein Studium ab. Meine schwerhörige Schulfreundin aus der Realschulzeit und ich heirateten. Wir haben zwei gesunde Kinder.

Ich setze mich für die Anerkennung der Gebärdensprache ein. Diese besondere Sprache besteht aus ausdrucksvollen sichtbaren Bewegungen und ist international verständlich. Mein Ziel ist, dass sie irgendwann gleichberechtigt neben der gesprochenen Sprache steht. Auch kämpfe ich dafür, dass behinderte Menschen die gleichen Rechte und Entwicklungsmöglichkeiten wie andere Menschen erhalten.

Ich bin stolz darauf, dass ich als erster Behinderter in ein deutsches Parlament gewählt wurde. Ich bin Abgeordneter im Hessischen Landtag.

ANMERKUNG
1) „Contergan" ist ein gefährliches Schlafmittel, das in den 60er Jahren als harmlos galt und deshalb vor allem schwangeren Frauen verschrieben wurde.

Janusz Korczak

Ich wurde 1878 in Warschau geboren. Meine Eltern gaben mir den Namen Henryk Goldszmit. Nach der Schule begann ich, Medizin zu studieren. Dabei entdeckte ich meine Liebe zum Geschichtenschreiben und veröffentlichte mehrere Bücher. Zu dieser Zeit gab ich mir den Künstlernamen Janusz Korczak.

Nach Abschluss meines Studiums fuhr ich häufig als Betreuer mit in Sommerkolonien. Das waren Orte, in denen Kinder armer Eltern Urlaub machen konnten. Später bekam ich dann als Arzt eine Stelle in einer Kinderklinik. Diese gab ich allerdings bald wieder auf, weil ich die Leitung zweier Waisenhäuser übernehmen wollte.

Damals war es üblich, dass Heime von den Erzieherinnen und Erziehern sehr streng geführt wurden. Außerdem war es dort oft sehr schmutzig. Diese Dinge wollte ich unbedingt verändern. Für mich war es sehr wichtig, dass die Kinder in einer liebevollen und sauberen Umgebung aufwachsen konnten. Deshalb teilten wir alle anfallenden Arbeiten gerecht unter uns auf. Kleine Kinder hatten einfachere Aufgaben als die größeren. Jeder hatte also Pflichten, aber auch Rechte.

Natürlich gab es auch manchmal Streitereien, wenn zum Beispiel eines der Kinder seine Arbeiten nicht erledigt hatte. Deshalb gründeten wir ein „Kindergericht". Dabei überlegten die Kinder gemeinsam, ob die Arbeit für dieses Kind vielleicht zu schwer war. Oder sie fragten das Kind, ob es keine Lust auf diese Arbeit hätte und lieber etwas anderes machen würde. Dann wurde von den Kindern des Kindergerichts ein Weg gesucht, um dieses Problem gerecht zu lösen. In dieser Zeit im Heim gab es die erste öffentliche Kinderzeitung „Die kleine Rundschau", die von Kindern für Kinder gemacht wurde.

Als der Zweite Weltkrieg begann, besetzte die deutsche Armee Polen und sperrte alle Menschen jüdischen Glaubens in einem Stadtteil Warschaus ein, den niemand verlassen durfte – auch viele Kinder aus den Heimen und mich. Dort gab es sehr wenig zu essen und uns allen war sehr kalt. Nachdem wir dort drei Jahre leben mussten, wurden die Kinder in ein Lager bei Treblinka gebracht. Obwohl ich wusste, dass niemand aus diesen Lagern zurückgekehrt war, entschloss ich mich, sie zu begleiten und ging mit ihnen dorthin.

Nelson Mandela

Ich wurde 1918 in Südafrika geboren. Als Kind lebte ich so, wie meine Vorfahren seit vielen Jahren gelebt hatten. Wir wohnten in Lehmhütten, aßen selbst angebautes Gemüse und Getreide und hatten Tiere. Ich lernte Schafe hüten, Milch aus dem Euter einer Kuh trinken, wilden Honig sammeln, Fische fangen und mit dem Stock kämpfen. Ich fühlte mich glücklich und geborgen.

Als ich in die Schule kam, gab die Lehrerin mir einen englischen Namen, denn afrikanische Namen waren von der Regierung damals nicht erwünscht. Mit 22 Jahren sollte ich eine Frau heiraten, die meine Familie für mich ausgesucht hatte. Weil ich diese Frau nicht heiraten wollte, ging ich heimlich von zu Hause fort. Ich ging in die große Stadt Johannesburg. Dort begann ich eine Ausbildung zum Rechtsanwalt. Das war mein Wunschberuf.

In der Stadt merkte ich immer deutlicher, dass wir schwarzen Südafrikaner von den weißen Südafrikanern unterdrückt wurden. Die Weißen bestimmten immer über alles. Zum Beispiel darüber, wo wir wohnen und einkaufen mussten und wo schwarze Kinder zur Schule gehen sollten. Dies und noch sehr viele andere Ungerechtigkeiten empörten mich so sehr, dass ich dagegen protestierte. Ich wurde ein Freiheitskämpfer.

Das war ein schwerer Entschluss, denn ich würde für meine Familie fast keine Zeit mehr haben: Ich hatte in Johannesburg geheiratet und wir hatten Kinder. Zusammen mit vielen anderen Schwarzen organisierte ich Streiks und Demonstrationen für unsere Rechte. Wir schrieben auch Briefe an die weiße Regierung und forderten Gleichberechtigung. Aber die Regierung behandelte uns immer schlechter. Als sogar Frauen und Männer von der Polizei erschossen wurden, wehrten wir uns mit Gewalt. Aber wir wollten keine Menschen töten.

Eines Tages wurde ich verhaftet und vom Gericht zu lebenslanger Haft verurteilt. 27 Jahre war ich im Gefängnis. In dieser langen Zeit habe ich immer daran geglaubt, dass ich freikommen würde. Als ich 71 Jahre alt war, wurde ich freigelassen. Jetzt konnte ich wieder voll für unsere Rechte kämpfen. Ich wurde dann sogar Präsident von Südafrika.

Rüdiger Nehberg

Ich wurde 1935 in Bielefeld geboren. Als ich zehn Jahre alt war, mussten wir von zu Hause flüchten, weil Krieg war. Zwei Jahre lebten wir in einem Flüchtlingslager, das war eine schwere Zeit.

Mich zog es schon früh auf Reisen. Mit 15 durfte ich zum ersten Mal allein eine Fahrradtour ins Ausland machen. Nach dem Schulabschluss lernte ich Bäcker und Konditor. Als ich meinen Meister gemacht hatte, eröffnete ich eine eigene Konditorei. Meine Leidenschaft aber war das Reisen. Oft waren meine Frau und ich zusammen unterwegs. Wir liebten es, fremde Länder und Leute abseits der Touristenwege kennen zu lernen. Später war es mir nur mit ihrer Unterstützung zu Hause möglich, längere Erkundungsreisen zu unternehmen. Dabei kam ich oft in gefährliche Situationen, durch Überfälle oder weil ich in der wilden Natur allein zurechtkommen musste.

Um in Gefahren bestehen zu können, machte ich deshalb zu Hause Überlebenstraining. Ich ging z. B. für ein bis zwei Wochen allein in den Wald, ohne Geld, Ausrüstung und Proviant. Ich versuchte klarzukommen, ohne dabei zu räubern oder die Natur zu verschandeln.

Eines Tages hörte ich von einem Indianervolk, das noch ganz ursprünglich im schwer zugänglichen Regenwald Südamerikas leben sollte, den Yanomami. Manche Leute sagten, dass sie von illegalen Goldsuchern bedroht würden. Ich beschloss, ins Indianergebiet zu gehen, um mir selbst ein Bild von der Lage der Indianer zu machen.

Dort stellte ich fest, dass die Yanomami wirklich mit dem Tod bedroht wurden und viele von ihnen getötet worden waren.

Ich wollte den Yanomami zu helfen. Deshalb machte ich einen Fußmarsch zum Papst. Ich bat ihn, den Menschen in Brasilien zu sagen, dass sie aufhören sollen, die Indianer und den Regenwald zu vernichten.

Zusammen mit Christina Haverkamp[1] überquerte ich den Atlantik auf einem selbst gebauten Floß. Im Jahr 2000 fuhr ich ganz allein auf einem zum Schiff umgebauten Baumstamm über den Ozean nach Brasilien! Das war sehr gefährlich. All das mache ich, um möglichst viele Menschen in der ganzen Welt auf die Bedrohung der Indianervölker und des Regenwaldes hinzuweisen und sie zu eigenen Aktionen zu ermutigen.

Die Yanomami haben inzwischen einen guten Frieden gefunden und wir sind Freunde geworden. Doch meine Arbeit geht weiter. Jetzt kämpfe ich zusammen mit anderen Menschen für ein besseres Leben der Waiapi-Indianer im Regenwald. So gibt es immer wieder neue Aufgaben für mich.

ANMERKUNG
1) Über Christina Haverkamp findest du eine Seite im Lexikonteil über bedeutende Frauen.

Alexander S. Neill

Ich wurde 1883 in Schottland geboren. Von den 13 Kindern, die meine Eltern im Laufe ihres Lebens bekamen, überlebten nur acht. Meine Eltern waren beide Lehrer. Lehrkräfte waren damals in Schottland schlecht angesehen und wurden schlecht bezahlt.

Ich kam bereits mit viereinhalb Jahren in die Schule meines Vaters. Er war im Unterricht und auch zu Hause sehr streng. Oft schlug er mich und behandelte uns Kinder ungerecht. Ich hatte es sehr schwer, denn ich galt als das unbegabteste Kind unserer Familie. Nur bei meiner Großmutter fand ich Liebe und Unterstützung.

Als ich gerade 14 Jahre alt war, starb meine Großmutter. Nun musste ich anfangen zu arbeiten. Ich probierte viele Berufe aus. Aber nie fühlte ich mich dabei ganz wohl. Erst als ich eine besondere Internats-Schule gründete, änderte sich alles. Unter dem Namen „Summerhill" gibt es diese Schule heute noch.

Weil ich selbst Schule als schrecklich erlebt habe, sollen sich die Kinder in meiner Schule wohl fühlen. In der Schule in Summerhill kennt man keine Hausaufgaben, keine Noten und keine Prüfungen. Die Kinder kommen nur dann zum Unterricht, wenn sie wollen. Lernen bedeutet Entdecken, Ausprobieren und Spielen. Deshalb sind bei uns auch Tanz, Musik, Theater, Malen und Werken ganz wichtig. Wir halten jede Woche eine Schulversammlung ab. Dort bereden und regeln wir den Schulalltag und unser Zusammenleben. In Summerhill haben alle Kinder gleiches Mitspracherecht.

Ich bin sehr gerne Lehrer in Summerhill gewesen. Von den Kindern dort habe ich sehr viel gelernt. Gegen Ende meines Lebens übernahm meine Tochter Zoe die Leitung von Summerhill.

Pablo Neruda

Ich wurde 1904 in Chile (Südamerika) geboren. Schon als Kind habe ich Gedichte geschrieben. Mit 20 Jahren war ich in Chile ein bekannter Dichter. Es war mir immer wichtig, mehr Ideen von anderen Schriftstellern kennen zu lernen. Deshalb arbeitete ich einige Jahre als Konsul[1)] in Spanien.

Doch dann kam es dort zu einem Bürgerkrieg. Ein General namens Franco stürzte die gewählte Regierung und baute eine Diktatur auf: Wer eine andere Meinung hatte, wurde verfolgt oder umgebracht. Mein bester Freund wurde auch ermordet. Ich war tieftraurig. Durch meinen Schmerz veränderten sich meine Gedichte und allmählich erkannte ich meine Lebensaufgabe: Ich wollte auf Unrecht hinweisen und unterdrückte Menschen stärken. Meine Gedichte brachten mich jedoch in Gefahr. Ich musste aus Spanien fliehen und kehrte nach Chile zurück. Mit aller Kraft kämpfte ich in meiner Heimat gegen Ungerechtigkeit. Manches konnte ich tatsächlich verändern.

Nach ein paar Jahren wurde ich sogar in die Regierung gewählt. Ich setzte mich für ein besseres Leben von Arbeiterinnen und Arbeitern ein. Sie waren die Ärmsten im Land. Die meisten konnten nicht lesen und schreiben. Sie wurden die „Leute ohne Schule und Schuhe" genannt.

Ich unterstützte die Wahl eines neuen Präsidenten. Doch dieser hielt seine Versprechungen nicht. Deshalb klagte ich ihn für seine Lügen öffentlich an. Dafür wollte er mich verhaften. Ich floh nach Europa und durfte erst nach Chile zurückkehren, als es dort eine neue Regierung gab.

Viele Jahre später wurde mein Freund Salvador Allende Präsident. Es gab wieder Hoffnung für unser Volk. Ich war darüber sehr glücklich. Doch unsere Hoffnung wurde bald wieder zerstört. Die Armee ermordete Salvador Allende und übernahm die Regierung.

Für meine Gedichte und Bücher bekam ich 1971 den Literatur-Nobelpreis.

ANMERKUNG
1) Ein Konsul setzt sich für die Interessen des eigenen Landes im Ausland ein.

Michael Ohl

Ich wurde 1966 in Wuppertal geboren. Als ich sieben Jahre alt war, zogen wir nach Bayern. Jetzt lebte ich auf dem Land. Das war toll. Während ich aufwuchs, hörte ich viel von der Zerstörung der Natur durch den Menschen. Tierarten sind vom Aussterben bedroht und der große Unfall 1986 im Atomkraftwerk von Tschernobyl vergiftete eine ganze Landschaft. Viele Menschen wurden krank und starben. Die radioaktive Wolke zog auch über Deutschland hinweg. In dieser Zeit merkte ich, dass ich etwas tun wollte, damit unsere Erde gesund wird. Aber was?

Nach dem Abitur begann ich zu studieren. Das war aber nicht das Richtige für mich. Ich machte lieber eine Gärtnerlehre. Und ich reiste sehr viel mit einem Rucksack durch ferne Länder. Dabei sah ich immer wieder, wie unsere Erde von uns Menschen zerstört wird. Bei Unfällen in Fabriken bringen ausströmende Gase ganze Landschaften zum Ersterben, Wälder werden rücksichtslos gerodet und die Luft wird schlechter.

Und in vielen Ländern sind die Menschen unvorstellbar arm. So arm, dass die Kinder nicht einmal in die Schule oder zum Arzt gehen können. Aber gerade in diesen armen Ländern waren die Menschen besonders nett und gastfreundlich zu mir.

Durch die Reisen und durch lange Gespräche mit meinem Onkel entstand in mir endlich die Idee, was ich für die Erde Nützliches tun könnte: Ich wollte Bäume pflanzen! Als Gärtner weiß ich, dass für alle Menschen genügend Nahrungsmittel da sein könnten. Dazu braucht es guten Boden. Deshalb pflanze ich Bäume – ganz viele Bäume. Denn, wo Bäume wachsen, verbessern Bodenlebewesen die Erde. Pflanzen, Tiere und Menschen können dort besser leben. So oft ich kann, fahre ich durch die Welt, um Bäume zu pflanzen.

Manchmal denke ich, wir können gar nicht mehr hören, was die Erde uns „sagt". Wir sitzen immer nur in Autos und Flugzeugen und brausen mit viel Lärm über sie hinweg.

Wenn ich nicht auf „Baumreisen" bin, lebe ich mit meiner Freundin auf einem Biobauernhof. Wir bauen unser eigenes Gemüse an und haben viele Tiere. Und damit ich immer wieder hören kann, was die Erde mir „sagen" will, kullere ich mal eine Bergwiese herunter, verteile Pusteblumen im Wind, baue einen Damm in einem Bach, mache Nachtwanderungen oder nehme ein „Summbad" in einer Wiese voll Insekten.

Weißt du, wie ein Baum sich anfühlt, wie sein Holz riecht …?

Andrej Sacharow

Ich wurde 1921 in Moskau geboren. Viele Jahre habe ich in der ehemaligen Sowjetunion als Physiker gearbeitet. Meine Forschung war streng geheim, denn ich entwickelte Atomwaffen. In dieser Zeit wurde ich von der Regierung sehr geschätzt und hatte viele Vorrechte.

Später machten mir meine Erfindungen große Sorgen. Denn sie waren eine Gefahr für die Erde und für uns Menschen. Ich schrieb einen Text, in dem ich vor der gewaltigen Zerstörungskraft der Atomwaffen warnte. Außerdem forderte ich mehr Meinungsfreiheit in der Sowjetunion. In meinem Land durfte dieser Text nur im Geheimen gelesen werden. In den westlichen Ländern wurde der Text in Zeitungen abgedruckt. Als das in der Sowjetunion bekannt wurde, durfte ich nicht mehr zu meiner Arbeitsstelle zurückkehren.

Die Regierung war wütend auf mich. Die Zeitungen veröffentlichten täglich Briefe gegen mich. Meine Familie und ich wurden bedroht und verhört.

Doch ich wollte die Menschen unterstützen, die – wie ich – nicht die Meinung der Regierung vertraten. Manche von ihnen wurden sogar eingesperrt. Es wurde meine wichtigste Aufgabe, mich für die Menschenrechte in meinem Land einzusetzen. Dafür erhielt ich 1975 den Friedensnobelpreis.

Fünf Jahre später jedoch wurde auch ich ohne Prozess von der Regierung in die Stadt Gorkij verbannt. Das bedeutete, dass ich diese Stadt nicht verlassen durfte. Meine einzige Verbindung nach draußen blieb meine Frau Jelena Bonner. Vier Jahre später wurde auch sie nach Gorkij verbannt.

Fast sieben Jahre nach meiner Verbannung rief mich der neue Regierungschef Michail Gorbatschow an. Er sagte mir, dass meine Frau und ich nach Moskau zurückkehren dürften. Ich forderte in dem Gespräch, dass auch andere Menschen freigelassen werden sollten. Auch sie waren wegen ihrer politischen Meinung gefangen genommen worden. Dies würde für den Frieden und für die Gerechtigkeit in unserem Land sehr wichtig sein.

1989 wurde ich dann sogar als Abgeordneter ins russische Parlament gewählt.

Albert Schweitzer

Ich wurde 1875 in Frankreich geboren. Mein Vater war Pastor in einer kleinen evangelischen Gemeinde.

Zusammen mit meinen drei Schwestern und einem Bruder verlebte ich eine schöne Kindheit. Auf die Schulzeit freute ich mich jedoch gar nicht. Aus mir wurde auch nie ein guter Schüler und trotzdem hatte ich in meinem Leben drei Berufe.

Da gab es zum einen die Predigten meines Vaters, die mich in meiner Kindheit sehr stark beeindruckten. Aus diesem Grund fing ich mit 18 Jahren an zu studieren, um selber Pastor zu werden. Außerdem interessierte ich mich schon sehr früh für das Orgelspielen. Ich nahm bei berühmten Musikern Unterricht. Später gab ich viele Konzerte, um mir nebenbei Geld zu verdienen. Dieses Geld brauchte ich vor allem, um mir einen Wunsch zu erfüllen. Dieser Wunsch sollte auch gleichzeitig mein dritter Beruf werden.

Ich hörte von den Krankheiten der Menschen in Afrika und verstand nicht, warum niemand ihnen half. So entschloss ich mich, im Alter von 30 Jahren, noch einmal zu studieren, um als Arzt nach Afrika zu gehen.

Als ich 37 Jahre alt war, heirateten Helene Breßlau und ich. Zusammen fuhren wir ein Jahr später zum ersten Mal nach Afrika. Mit Hilfe einiger anderer Leute bauten wir aus ganz einfachen Holzhütten ein Krankenhaus in Lambarene. Unsere Arbeit dort sprach sich schnell herum. Im Laufe der Jahre kamen immer mehr kranke Menschen zu uns, denen wir halfen zu überleben. Da wir unsere Arbeit dort aus eigenen Mitteln und Spenden bezahlen mussten, fuhr ich zwischendurch immer wieder nach Europa. Ich gab dort Konzerte und hielt Vorträge.

Ein Problem für uns war das ungewohnte Klima in diesem Teil Afrikas, das uns ganz krank machte. Doch ich ging immer wieder nach Afrika zurück. Die Arbeit dort war meine Lebensaufgabe, für die ich dann auch den Friedensnobelpreis verliehen bekam.

Sitting Bull

Ich wurde um 1830 geboren. Mein Volk gehört dem Stamm der Sioux an (ausgesprochen Ssiuu). Mein Vater war ein angesehener Krieger. Die wichtigste Rolle in meinem Leben spielte jedoch mein Onkel Roter Adler. Er war Medizinmann. Er führte mich in die Welt des indianischen Glaubens ein. Er sprach oft von den vier Eigenschaften, die ein Häuptling haben muss: Tapferkeit, Würde, Weisheit und Großzügigkeit.

Ich war gerade erst zehn Jahre alt, als ich meinen ersten Bison erlegte. Deshalb nannte man mich Tatanka Yotanka; das heißt auf Englisch: Sitting Bull. Bereits mit 15 Jahren wurde ich zum „Krieger" ernannt.

Viele Jahre später – ich war schon erwachsen – entdeckten die Weißen Gold in unserem Land. Deshalb wollten sie, dass wir unser Land verlassen. Da fielen mir die Worte meines Onkels ein: „Lieber im Kampf aufrecht sterben, als in Knechtschaft auf den Knien leben!" Obwohl ich den Frieden über alles liebte, mussten wir nun kämpfen.

Deshalb rief ich alle Indianer zum Widerstand gegen die Weißen auf und erreichte damit das größte Indianertreffen der Geschichte.

Wir gewannen den Kampf gegen die Armee.

Später kamen jedoch immer mehr Weiße, und wir hatten keine Chance mehr.

So musste ich mit 43 Jahren nach Kanada fliehen. Nach vier Jahren kam ich zurück.

Nun hatten wir kein eigenes Land mehr und mussten auf engem Raum in Reservationen[1] leben. Wir hatten oft nichts zu essen. Aus größter Not verdiente ich für mich und meinen Stamm etwas Geld im Wild-West-Zirkus von Buffalo Bill.

Ich wollte auch jetzt nur Gutes tun und den indianischen Glauben an den großen Geist bewahren. Aber die Armee der Weißen sah darin eine Bedrohung. Ich wurde für einen Rebellen[2] gehalten und erschossen.

ANMERKUNGEN
1) Reservationen sind von den Weißen für Indianer festgelegte begrenzte Wohngebiete.
2) Ein Rebell ist jemand, der sich gegen etwas auflehnt oder widersetzt.

Henry David Thoreau

In meinem geliebten Städtchen Concord in den USA kam ich 1817 auf die Welt. Durch meine lebensfrohe Mutter lernte ich früh die wunderschöne Natur meiner Heimat lieben. Mein Leben lang zog es mich in die Wälder und Sümpfe, wo die Einsamkeit mir gut tat. Ich lebte sogar für einige Jahre alleine in einer einfachen Hütte im Wald.

Nach meinem Lehrerstudium arbeitete ich als Hausmeister, Fabrikarbeiter, Sekretär, Landvermesser und auch als Lehrer. Man warf mich aus der staatlichen Schule raus, weil ich nicht bereit war, Schülerinnen und Schüler zu prügeln. Deshalb gründete ich mit meinem Bruder zusammen eine Privatschule. Der Unterricht fand oft in Wald und Feld statt. Wir wanderten, sangen, handwerkten und tobten gemeinsam mit den Kindern. Wir lernten nicht nur mit dem Kopf, sondern auch mit dem Herzen, den Händen und den Füßen. Wir alle liebten diese Schule.

Ich kämpfte aber nicht nur gegen die Prügelstrafe, sondern auch gegen Sklaverei, Pelzhandel und Tierversuche. Ich weigerte mich sogar, die Steuern zu zahlen, wofür ich viel Ärger bekam. Aber ich wollte nicht, dass das Steuergeld zum Kriegführen benutzt wurde. Lieber sollten damit Naturschutzparks, Büchereien und kinderfreundliche Schulen eingerichtet werden.

Wenn ich im Herzen spürte, dass etwas ungerecht war, hatte ich den Mut, ungehorsam zu sein. Man schimpfte mich eigensinnig, aber ich war stolz auf meinen Eigen-Sinn! Ich wollte Gesetze und Vorschriften nur befolgen, wenn ich sie sinnvoll und menschlich fand. Sonst musste ich laut und deutlich „Nein!" sagen, auch wenn ich damit erstmal alleine stand. Nur weil viele Menschen ein Gesetz befolgen, muss es noch lange nicht gut sein.

Viele Jahre meines Lebens verbrachte ich als Schriftsteller. Meine Bücher und Reden sind später berühmt geworden. Auch als ich schon krank war, schrieb ich weiter. Meine liebste Schwester Sophia pflegte mich, bis zu meinem Tod. Sie sagte: „Wenn ich mit dir zusammen bin, Henry, kann ich einfach nicht traurig sein!"

Georgos Vithoulkas

1932 wurde ich in Athen, der Hauptstadt Griechenlands, geboren. Schon früh musste ich erfahren, wie hart das Leben sein kann. Ich erlebte zwei schlimme Kriege. Als ich zehn Jahre alt war, starb mein Vater. Seitdem musste ich arbeiten, um für mich und meine Familie zu sorgen. Zwei Jahre später starb auch noch meine geliebte Mutter. Es war so schrecklich, die Menschen, die ich liebte, leiden und sterben zu sehen. Verzweifelt fragte ich mich: „Was kann ich nur dagegen tun?"

Es dauerte einige Jahre, bis ich eine Lösung fand.

Zuerst einmal wurde ich Bauingenieur. Außerdem beschäftigte ich mich sehr viel mit Büchern und Theater. Als ich schwer krank wurde, konnte mir keine Ärztin und kein Arzt helfen. Erst als ich einen homöopathischen Arzt um Hilfe bat, heilte dieser mich vollständig! So begegnete ich dieser besonderen Art der Medizin, der Homöopathie.

Mit dieser Heilkunst wird nicht nur die Krankheit eines Menschen behandelt, sondern der „ganze" Mensch, also der Körper und zugleich das Herz und die Seele. Zum Beispiel bekommt ein Mensch mit einem Magengeschwür nicht einfach Tabletten und Spritzen. Mit viel Geduld und Zeit wird zusammen mit dem Kranken herausgefunden, woher seine Magenprobleme stammen. Wichtig ist, seine Lebenskraft wieder ganz herzustellen. Die homöopathischen Medikamente kommen aus der Natur und sind ungiftig. Es gibt unzählige Menschen, die mit Hilfe der Homöopathie wieder gesund geworden sind.

Jetzt – mit 26 Jahren – hatte mein Leben endlich seinen Sinn: Ich wollte nun selbst Homöopath werden, um anderen Menschen zu helfen. Lange und gründlich studierte ich diese Heilkunst. Später gründete ich sogar eine Schule für Homöopathie. Dort unterrichtete ich selbst StudentInnen und ÄrztInnen aus aller Welt. Ich bin davon überzeugt, dass die Homöopathie die „Medizin der Zukunft" ist, weil sie natürlich und sehr wirksam ist.

Für meine Arbeit bekam ich den Alternativen Nobelpreis.

Waschaki

Ich wurde 1805 in Montana (USA) geboren. Meine Familie gehörte zu den Schoschoni-Indianern.

Mit 43 Jahren wurde ich Oberhäuptling meines Stammes. Für uns Indianer begann eine schwierige Zeit. Die Weißen drangen in unsere Gebiete ein und rotteten unser Wild aus. So hatten wir immer weniger zu essen. Die Weißen wollten auch unser Land besitzen. Dafür boten sie uns andere Gebiete an, so genannte Reservationen[1]. Dort sollten wir leben. Wir wussten nicht, ob wir das Angebot der Weißen annehmen oder ob wir um unser Land kämpfen sollten.

Ich habe mich gegen den Kampf entschieden. Mir war klar, dass wir niemals die Weißen besiegen oder zurücktreiben könnten. Die jungen Krieger meines Stammes wollten sich damit nicht abfinden. Sie schlichen sich vom Lager fort und überfielen die Weißen. So kam es zu einem Krieg. Aber ich habe mich weiter für den Frieden eingesetzt.

Für mein Volk sah ich keine Zukunft mehr in unserem alten Gebiet. Deshalb war ich bereit, unser Land einzutauschen. Das neue Land war fruchtbar und weit von den Weißen und von feindlichen Indianerstämmen entfernt. Ich musste versprechen, dass wir nicht mehr jagen, sondern nun als Bauern leben würden. Das war nicht leicht für uns. Trotzdem war ich mit der Lösung zufrieden. Denn so konnte ich mein Volk retten und unnötige Kämpfe vermeiden.

Doch ich wurde mit meinen friedlichen Absichten sehr enttäuscht. Die Regierung hat ihr Wort nicht gehalten. Wir mussten das Land mit einem feindlichen Indianerstamm teilen. Außerdem drangen Goldsucher in den südlichen Teil unseres Gebietes ein und so verloren wir wieder Land. Die Regierung entschädigte uns mit Geld. Wir kauften davon Rinderherden, doch die wurden dann von Banditen gestohlen. Selbst die letzten Bisons wurden von ihnen gejagt und getötet.

Früher gab es in dem Land, das die Weißen Amerika nennen, viele verschiedene Indianerstämme. Heute gibt es nur noch wenige Indianervölker. Sie leben zusammengedrängt in den kleinen Reservationen.

ANMERKUNG
[1] Reservationen sind von den Weißen für Indianer festgelegte begrenzte Wohngebiete.

Ernst Ulrich
von Weizsäcker

Ich wurde 1939 zu Beginn des Zweiten Weltkrieges geboren. Wegen der Bombenangriffe mussten wir dauernd umziehen. Als kleiner Junge konnte ich am besten die herannahenden Bomber am Geräusch erkennen. Darum war ich fast immer der Erste im Luftschutzbunker.

Als ich fünf Jahre alt war, zogen wir in die Schweiz, die vom Krieg verschont geblieben war. Hier wurde ich in der Schule als „Ausländerbub" beschimpft. Deshalb musste ich ganz schnell „Schweizerdeutsch" lernen. Als der Krieg vorbei war, zogen wir zurück nach Deutschland. Die Schule war eine richtige Qual für mich. Erst auf der Universität entdeckte ich, dass Lernen Spaß machen kann. Am liebsten habe ich Physik und Biologie studiert. Ich wurde Wissenschaftler.

Ich arbeite gern in meinem Beruf und bin ein sehr bekannter Forscher. Besonders gern arbeite ich mit anderen Forschern zusammen. Gemeinsam entdecken und erfinden wir viele Sachen, die unserer Umwelt nützen. Dies ist mir besonders wichtig, weil so viele Tierarten bedroht sind, immer mehr Wälder sterben und unser Klima schlechter wird. Viele Wissenschaftler denken so wie ich und wollen für das Leben unserer Erde forschen und Zerstörung verhindern. So haben wir vor einigen Jahren ein Buch herausgebracht: Es heißt „Faktor vier". Darin zeigen wir viele Wege auf, wie im Haushalt und in Fabriken Energie gespart werden kann.

Meine Frau und ich haben fünf Kinder. Und ich wünsche mir, dass alle Kinder, Tiere und Pflanzen auf einer gesunden, blühenden Erde in Frieden miteinander leben können. Um unsere Welt zu erhalten, müssen wir alle die Augen aufmachen, zuhören und neugierig bleiben. Dann verstehen wir, was die Erde braucht.

Klaus von Wrochem/ Klaus der Geiger

Ich wurde 1940 in der Nähe von Dresden geboren. An der Musikhochschule in Köln studierte ich Geige. Besonders gefiel mir die „Neue Musik". Als ich das Angebot erhielt, als Geiger und Komponist für Neue Musik in Amerika zu arbeiten, sagte ich sofort zu. Zusammen mit meiner Familie lebte ich fünf Jahre dort. Es war eine sehr wichtige Zeit, in der ich viel lernte.

Wir kehrten wieder nach Köln zurück und zogen mit ein paar Leuten in eine große Wohngemeinschaft. Doch nach einiger Zeit gab es Streit und ich zog aus. Mein Geld war bald aufgebraucht. Darum begann ich mit der Straßenmusik.

In diesem Beruf bin ich frei und selbstständig. Ich singe fast nur meine eigenen Lieder. In den Texten geht es oft um Ungerechtigkeiten in unserem Land. Manchmal singe ich auch von meinen Erlebnissen und Träumen. Die Texte und die Musik mache ich möglichst einfach. So können alle verstehen, um was es geht. Damit mich die Leute in der Fußgängerzone hören können, brülle ich meine Lieder und spiele meine Geige sehr laut. Das sind meine Erkennungszeichen geworden.

Oft bleiben Hunderte von Leuten stehen und verstopfen die Einkaufsstraßen. Dann wollen mich die Geschäftsleute loswerden und holen die Polizei. Ich wurde öfter verhaftet und bestraft. Aber dadurch wurde ich noch berühmter. Immer mehr Leute wollen die Lieder von „Klaus dem Geiger" hören.

Für die Politiker in unserer Stadt ist das sehr unbequem. Ich bringe ihnen zu viel Unruhe. So auch vor einigen Jahren, als die U-Bahn in Köln ausgebaut wurde. Es sollten viele alte Bäume in einem Park gefällt werden. Die Stadt Köln wollte stattdessen dort eine Tiefgarage und einen U-Bahnhof bauen. Zusammen mit vielen anderen besetzten wir den Park und richteten ein Dorf ein. Mit anderen Straßenmusikern machte ich jeden Tag Musik gegen das Abholzen. Wir sammelten Unterschriften für das Stück Natur in der Stadt. Außerdem veranstalteten wir zwei große Open-Air-Konzerte, an denen auch bekannte Bands teilnahmen. Obwohl die meisten Leute auf unserer Seite standen, wurden die Bäume trotzdem gefällt.

Muhammad Yunus

Ich wurde 1940 in Bangladesh geboren. Nach meinem Wirtschaftsstudium in Amerika ging ich dorthin zurück und unterrichtete an der Universität von Chittagong. In meinem Land hatte es einen schrecklichen Bürgerkrieg gegeben. Doch nun hatten wir alle die Hoffnung, dass sich die Lage in unserer Heimat verbessern würde. Stattdessen wurde es aber immer schlimmer und es entstand eine große Hungersnot. Das konnte ich einfach nicht mit ansehen. Ich gab meine Stellung auf, um etwas zu finden, was ich dagegen tun könnte.

Eines Tages traf ich eine Frau. Diese Begegnung sollte mich auf eine Idee bringen. Die Frau arbeitete gerade an einem Bambusstuhl. Und ich fragte sie: „Wie viel verdienst du an einem so schönen Stuhl?" Sie nannte mir einen ganz niedrigen Betrag. Ich war sehr erstaunt darüber und fragte, warum das so sei. Sie erklärte mir: „Ich muss mir Geld leihen, um Bambus für den Stuhl kaufen zu können. Den fertigen Stuhl muss ich dann an den gleichen Menschen verkaufen, der mir zuvor das Geld geliehen hat, weil ich bei ihm ja noch Schulden habe. Dieser Mensch bestimmt dann auch den Preis für den Stuhl. Deshalb bekomme ich so wenig Geld dafür."

Ich dachte: „Bambus ist doch eigentlich ganz billig. Wenn sich mehrere Frauen zusammentun, könnten sie sich doch Geld von der Bank leihen. Ihre Stühle könnten sie dann zu einem richtig guten Preis auf dem Markt verkaufen." Also ging ich zu einer Bank, um nach einem solchen Kredit zu fragen. Doch die Bank wollte armen Menschen nichts leihen. Erst recht nicht armen Frauen! Die würden das Geld angeblich nie zurückzahlen. Dazu muss man wissen, dass in meinem Land Frauen immer noch nicht die gleichen Rechte haben wie Männer, obwohl sie häufig sehr viel härter arbeiten müssen. Darüber war ich sehr wütend, und so lieh ich den Frauen auf eigene Faust Geld.

Und dann kam mir die Idee: Ich wollte selbst eine Bank gründen!

Um diesen Gedanken in die Tat umzusetzen, brauchte ich zwei Jahre. Dann war es endlich soweit, 1983 eröffnete ich die „Grameen Bank" (Grameen bedeutet Dorf).

Heute leihen wir sehr vielen Frauen Geld, damit sie einen guten Preis für ihre gute Arbeit bekommen können. Die Frauen haben ihre Familien so aus der bitteren Armut gerettet. Und siehe da, die anderen Banken hatten Unrecht, denn die Frauen zahlen das geliehene Geld natürlich zurück. Mittlerweile sind wir eine sehr große Bank geworden, die sehr viele Frauen in Bangladesh unterstützen kann. Mein größter Traum ist es, dass die Kinder später nur noch in einer Ausstellung im Museum erfahren können, was Armut einmal gewesen ist.

Liebe Eltern, liebe Lehrerinnen und Lehrer,

Kinder brauchen Vorbilder, sagte man früher.
Kinder suchen nach Orientierungen, heißt es heute.
Und Kinder finden Orientierungen.

In einer Welt, die sich vor den Augen der Kinder rasant verändert und in der Maßstäbe, bedingt durch neue Ereignisse, gerne sofort als überholt gelten, sind die Medien mit ihren inhaltlichen Angeboten zu einer wichtigen Orientierungsinstanz für Kinder und Jugendliche geworden. Vom Spielzeug über die Musik, vom neuen Mode-Sportgerät bis zum Kult-Videospiel, von virtuellen Medienstars bis zur Kindermode – die Medien präsentieren sich als Vermittlungsagentur für das, was Kinder heute „kennen oder besitzen" müssen. Und so verwundert es nicht, dass Kinder sich auch an bekannten Personen aus den Medien orientieren.

Die von den Kindern/Jugendlichen dafür bevorzugten Personen lassen sich in wenige Kategorien und auf wenige Namen reduzieren.
Bei den Mädchen sind es Stars aus der Popmusik (je nach aktueller Hitliste), Models (an erster Stelle immer wieder Claudia Schiffer), Königinnen/Prinzessinnen (Diana mit sehr hohem Rang) und als Sportidol: Steffi Graf.
Bei den Jungen sind es Sportler – vor allem Rennsport (Michael Schumacher) und Fußball (Stars des favorisierten Fußballclubs), vereinzelt auch Tennis (Boris Becker), Stars aus der Popmusik (je nach aktueller Hitliste) und Filmstars mit starken Fäusten (Arnold Schwarzenegger).

Dass dieses Identifikationsangebot äußerst einseitig und zur Zukunftsbewältigung nicht unbedingt hilfreich ist, leuchtet ein, da hier vor allem stereotype Rollenmuster bedient werden.
Um der Dürftigkeit dieses Orientierungsangebotes in den Medien etwas entgegen zu setzen, entstand das Lexikon „Bedeutende Frauen und ungewöhnliche Männer". Uns war es besonders wichtig, die oft verschwiegenen außerordentlichen Leistungen von Frauen auf den verschiedensten Gebieten darzustellen und auch ein breiteres Spektrum männlicher Lebensmöglichkeiten zu präsentieren als es klassischen Rollenzuweisungen entspricht.
Die ausgewählten Kurzbiografien stellen daher vielfältige Lebensmuster dar, an denen die Kinder sich „reiben", d. h. sich identifizieren oder auch abgrenzen können. In jedem Fall steht mit diesen Texten den Kindern ein breites Spektrum möglicher Lebensentwürfe zur Verfügung, die über die Geschlechtergrenzen hinweg zum Nachdenken anregen. Bei der Auswahl haben wir bewusst auf viele berühmte „lexikontypische" Persönlichkeiten verzichtet (klassische Dichter, Musiker, Künstler), weil hier die Chancen noch relativ hoch sind, dass diese Persönlichkeiten den Kindern/Jugendlichen irgendwann einmal beggegnen werden. Unser Augenmerk richtete sich (bis auf Ausnahmen) eher auf Persönlichkeiten, die nicht in jedem Lexikon stehen.
Dem entspricht auch der gleichhohe Anteil von dargestellten Frauen und Männern.
Wahrscheinlich werden auch Ihnen selbst einige der beschriebenen Menschen unbekannt sein. Und sicherlich gibt es einige Informationen über bekannte Persönlichkeiten, die Ihnen neu sind.
Von daher wünschen wir auch Ihnen ein angenehmes Leseerlebnis.

Bettina von Arnim

Bettina von Arnim wurde am 4. April 1785 als Bettina Brentano in Frankfurt am Main geboren. Sie war das siebte Kind des Kaufmanns Peter Anton Brentano und seiner zweiten Frau Maximiliane von Laroche. Als diese starb, musste Bettina mit ihren Schwestern für vier Jahre ins Ursulinenkloster von Fritzlar. Weitere Jahre verbrachten sie bei ihrer Großmutter Sophie von Laroche. Eine besondere Bindung hatte Bettina zeitlebens zu ihrem älteren Bruder Clemens Brentano, was sich auch in deren regem Briefwechsel widerspiegelt. 1811 heiratete sie Clemens' Studienfreund Achim von Arnim.

Sehr früh wird ein Lebensthema der Bettina erkennbar: die verweigerte Gegenliebe. „... und es liegt auch ein geheimer Widerspruch in mir, daß ich nicht gestört sein will in der Werkstatt meines Geistes durch Gegenliebe" (Wolf 1981, S. 58). Das zeigt sich in der zeitweilig sehr intensiven Freundschaft mit der älteren Schriftstellerin Caroline von Günderode, die mit deren Selbstmord 1806 jäh endete. Dieses Grundthema findet sich auch in ihrer Liebe zu Goethe, mit dem sie 1807 eine langjährige Brieffreundschaft begann, die aber mit einem Rückzug seinerseits enttäuschend endete. Bettina veröffentlichte später sowohl ihren Briefwechsel mit Caroline von Günderode als auch den mit Goethe in so genannten Briefbüchern („Goethes Briefwechsel mit dem Kinde", 1835, „Die Günderode", 1840).

Auch wenn ihre Ehe mit Achim von Arnim nicht einfach war, hat sie diese nie bereut. Zwar ließen die vielen Kinder, die Geldsorgen, die Umzüge und der zumeist verreiste Mann sie sehr in Alltagsmühsal versinken, so dass sie über 20 Jahre lang weit entfernt von den Träumen ihrer Jugend war. Doch zeigt ihr dritter Lebensabschnitt, dass sie sich ihre Kraft und ihre Ideale bewahrt hat.

Trotz Bespitzelung, Postzensur und Observation machte sie ihr Haus in Berlin zum Zentrum für unabhängige Geister. Mit ihrer (Toll-)Kühnheit hatte sie sich einen gesellschaftlichen Spielraum erkämpft. Dafür musste sie es aushalten, als leicht verrückt zu gelten.

Es war ein raffinierter Trick, dem preußischen König Friedrich Wilhelm IV. ihr kritisches Buch über die Armut der Bevölkerung zu widmen („Dieses Buch gehört dem König"). Andauernde Zusammenstöße mit der Zensur jedoch veranlassten Bettina letztlich, ihren eigenen Verlag zu gründen.

Sorgfältig sammelte sie statistisches Material über die Situation der Armen im Vogtland. Sie schrieb ein weiteres Buch, „Das Armenbuch", welches als eine erste soziologische Studie über die Lebensbedingungen des vierten Standes gilt.

Dieses Buch musste sie unveröffentlicht lassen, weil der preußische Innenminister sie beschuldigte, die Weber aufsässig zu machen. Auch mit Karl Marx war Bettina bekannt, der etwa zu dieser Zeit (1848) das Kommunistische Manifest veröffentlichte. Abgesehen von ihren Bestrebungen, durch Veröffentlichungen der armen Bevölkerung zu helfen, hat Bettina beständig konkrete Hilfsaktionen in die Wege geleitet. Sie scheute sich nicht, selbst vor Ort mit anzufassen. Leidenschaftlich und mit Erfolg setzte sie sich für die Rehabilitierung der Gebrüder Grimm ein, die zusammen mit fünf weiteren Göttinger Professoren entlassen worden waren, da sie es gewagt hatten, gegen die Aufhebung des Staatsgrundgesetzes durch König Ernst August von Hannover zu protestieren.

Mit unermüdlichem Engagement setzte sie sich für soziale Gerechtigkeit ein zu einer Zeit, als dies nicht ungefährlich war. „Es ist viel Arbeit in der Welt, mir wenigstens deucht nichts am rechten Platz." (Wolf 1981, S. 59) 1859 starb Bettina von Arnim nach langer Krankheit in Berlin.

LITERATUR
Arnim, Bettina von: Dieses Buch gehört dem König (1843). München 1910.
Arnim, Bettina von: Sämtliche Werke. Hrsg. von Waldemar Oehlke. Bd. 1–7, Berlin 1920–1922.
Arnim, Bettina von: Das Armenbuch. Frankfurt 1968.
Drewitz, Ingeborg: Bettina von Arnim. Romantik – Revolution – Utopie. Düsseldorf/Köln 1978.
Wolf, Christa in: Schultz, Hans-Jürgen (Hrsg.): Frauen. Portraits aus zwei Jahrhunderten. Stuttgart 1981.

Pina Bausch

Pina Bausch wurde am 27. Juli 1940 in Solingen geboren. Ihre Eltern führten eine Gaststätte und hatten wenig Zeit für ihre Tochter. Vermutlich bedeutete deshalb der Sechsjährigen die Anerkennung ihrer Ballettlehrerin so viel. Nach der Schule begann Pina Bausch als 15-Jährige ihr Tanzstudium an der Folkwang-Schule in Essen. Sie wurde Meisterschülerin bei Kurt Jooss, dem in Deutschland zu dieser Zeit bedeutendsten Choreographen.

Er forderte sie auf, ihre eigene Vorstellung vom Tanz zu entwickeln. Nach Abschluss des Studiums erhielt Pina Bausch ein Stipendium und ging 1960 für fast drei Jahre nach New York. Dort tanzte sie in verschiedenen professionellen Tanzkompanien.

Nach ihrer Rückkehr ins Folkwang-Ballett tanzte sie zunehmend als Solistin. Sie sehnte sich danach, etwas Neues zu machen, und begann mit ihren ersten Choreographien. 1969 wurde sie Leiterin der Folkwang-Tanzabteilung. Sie fing an, das klassische Schrittmaterial zu überschreiten und neue Tanzbewegungen zu entwickeln. 1973 wurde sie Direktorin des „Wuppertaler Balletts", das sie sofort in „Wuppertaler Tanztheater" umbenannte. Mit dieser neuen Bezeichnung markierte sie die inhaltliche und ästhetische Veränderung des deutschen Tanzes vom klassischen Ballett zum zeitgenössischen Tanz. Bis 1976 waren ihre Inszenierungen dem Genre Modern Dance verpflichtet. Mit ihrer Brecht/Weill-Aufführung „Die sieben Todsünden" brach sie völlig mit den Traditionen und machte nun wirklich Tanztheater.

Dreh- und Angelpunkt ihrer Inszenierungen werden nun ihre Fragen an die TänzerInnen. Oft sind es die beiläufigen Bemerkungen oder kleinen Gesten, die in die szenische Handlung aufgenommen und dann übersteigert dargestellt werden, um eine theatralische Wirkung zu erzielen. So wird zum Beispiel aus dem Halten einer Tasse eine ganze Suppenterrine in der Hand. Die nebeneinander montierten szenischen Einzelteile ergeben dann das endgültige Stück und gewinnen durch die Zusammenstellung eine völlig neue Bedeutung. Außergewöhnliche Bühnenbilder, z. B. mehrere Tonnen Salz, Tausende von Nelken oder eine Bühne, die unter Wasser steht, ungewöhnliche musikalische Collagen mit Musikstücken aus der ganzen Welt sowie verblüffende Requisiten und Kostüme fordern vom Publikum ein anderes Sehen und Hören.

Pina Bausch geht es weniger darum, wie sich die Menschen bewegen, sondern was sie bewegt. Existenzielle Themen der Menschen wie Liebe, Sehnsucht, Terror, Kindheit, Tod oder in jüngerer Zeit die Zerstörung der Umwelt werden in ihren Stücken verarbeitet. Das Kernthema ist die Angst in den menschlichen Beziehungen. Pina Bausch geht es um die Emanzipation von Frauen und Männern. Dabei stellt sie Frauen in den Mittelpunkt der szenischen Handlung und zeigt, wie Frauen ihre Position in der Welt verbessern können. Bei alledem sind ihr der Humor und das Lächeln wichtig, weil sie Hoffnung geben.

Seit über 25 Jahren leitet Pina Bausch das Tanztheater Wuppertal. In dieser Zeit hat sie über 30 große Stücke inszeniert, die in der ganzen Welt aufgeführt werden. Für ihre Leistung hat sie zahlreiche Auszeichnungen erhalten, wie zum Beispiel das Bundesverdienstkreuz Erster Klasse, die Ernennung zum „Commandeur de l'Ordre des Arts et des Lettres" durch den französischen Kultusminister oder die Picasso-Medaille der UNESCO.

LITERATUR
Hoghe, Raimund: Pina Bausch. Tanztheatergeschichten. Frankfurt/Main 1986.
Servos, Norbert: Pina Bausch – Wuppertaler Tanztheater. Oder Die Kunst, einen Goldfisch zu dressieren. Kallmeyer, Velber 1996.
Schmidt, Jochen: Pina Bausch. „Tanzen gegen die Angst". Düsseldorf/München 1998².
Schwarzer, Alice: Warum gerade sie? Weibliche Rebellen. Begegnungen mit berühmten Frauen. Frankfurt/Main 1991.
Internet: www.pina-bausch.de

Hildegard von Bingen

Hildegard von Bingen wurde 1098 als Hildegard von Bermersheim geboren und starb am 17. September 1179. Sie war die Tochter eines Edelfreien. Mit acht Jahren wurde sie der Inklusin Jutta von Spannheim übergeben. Inklusen ließen sich aus Gründen der Enthaltsamkeit und des Glaubens einmauern. So ließ sich auch Jutta von Spanheim zusammen mit Hildegard und einer zweiten Schülerin in einer Klause, einem kleinen Wohnraum vermutlich mit kleinem Garten, einmauern. Die Klause auf dem Disibodenberg an der Nahe war an ein Mönchskloster angeschlossen. In den darauf folgenden Jahren ließen immer mehr adelige Eltern ihre Töchter hier erziehen, so dass man bald von einem Kloster sprach.

Nach dem Tode Jutta von Spanheims wurde Hildegard von Bermersheim zur Äbtissin gewählt. 1150 trennte sie sich mit ihren Nonnen von dem Mönchskloster und gründete auf dem Rupertsberg bei Bingen ein eigenes Kloster. Acht Jahre kämpfte sie um die Rückgabe der Schenkungen an das Frauenkloster, sicherte schließlich den Besitz und erzielte die Unabhängigkeit von einem Vogt, einem weltlichen Verwalter. Sie unterstellte ihr Kloster einem Geistlichen, dem Erzbischof von Mainz. Sie wurde nun Hildegard von Bingen genannt. Dass sie nur adelige Frauen in ihr Kloster aufnahm, spiegelt ihr Standesbewusstsein wider. Dies wurde von anderen Frauen kritisiert.

Seit ihrer Kindheit hatte Hildegard von Bingen religiöse Visionen, die zum Beispiel von der Rolle der katholischen Kirche in der Weltgeschichte handelten. 1141 begann sie mit der Niederschrift ihrer Visionen. Fast 50-jährig wagte sie damit erste Schritte an die Öffentlichkeit, als sie Bernhard von Clairvaux (Zisterzienserabt und Mystiker) um sein Urteil über ihre Eingebungen bat. Nach dessen Ermutigung und der päpstlichen Zustimmung war sie als Prophetin anerkannt. Dieses Amt legitimierte ihre Schriften und bot ihr mehr Handlungsspielraum.

Die Veröffentlichung ihrer ersten Visionsschrift „Scivias – Wisse die Wege" machte Hildegard berühmt und ihr Kloster blühte auf. Auch ihre musikalischen Kompositionen wurden bekannt. Heute werden ihre Gesänge wieder aufgeführt. Die Neuauflagen der heilkundlichen Schriften belegen ihre heutige Popularität. Hildegards Medizin ist dennoch einzuordnen in die Lebensumstände ihrer Zeit und in die Tradition der mittelalterlichen Klostermedizin. Sie verstand ihre Heilkunde ganzheitlich als Heil für den Körper und die Seele des Menschen als Geschöpf Gottes. Auch scheute sie sich nicht, offen über Themen wie Empfängnis, Schwangerschaft und Geburt zu schreiben.

Sie selbst hatte ihr ganzes Leben unter Krankheiten zu leiden, die sie meistens als göttliche Prüfung und als Warnung vor Selbstgefälligkeit erlebte. Zugleich deutete Hildegard die Krankheiten als Beweis für wahres Prophetentum.

LITERATUR
Kerner, Charlotte: Alle Schönheit des Himmels. Die Lebensgeschichte der Hildegard von Bingen. Weinheim und Basel 1998[8].
Schirmer, Eva: Mystik und Minne. Frauen im Mittelalter. Wiesbaden o. J.

Marie Curie

Marie Curie wurde am 7. November 1867 in Warschau geboren. Nach dem Tod ihrer Mutter flüchtete sie sich in das Lernen und verausgabte sich dabei völlig. Nach ihrem Abitur brach sie zusammen und musste sich anschließend in Sanatorien von den Strapazen erholen. Um studieren zu können, finanzierte sie zunächst ihrer Schwester das Studium mit Gelegenheitsjobs, woraufhin diese sich später revanchierte.

Sie ist die einzige Frau, die es jemals geschafft hat, gleich zweimal den Nobelpreis zu bekommen.

Sie wird als Begründerin der Radiochemie bezeichnet, da sie herausfand, dass ein Element in ein anderes umgewandelt werden kann. Aus dieser Erkenntnis erfolgte letztlich 40 Jahre später die Freisetzung der Kernenergie.

Marie Curie starb am 4. Juli 1934. Da sie nicht wusste, wie gefährlich radioaktive Strahlung ist, schützte sie sich nur unzureichend davor. Durch ihre Forschungen mit radioaktiven Stoffen hatte sie Leukämie bekommen.

LITERATUR
Fölsing, U.: Nobel-Frauen. Naturwissenschaftlerinnen im Portrait. München 1994[3].
Große Frauen der Weltgeschichte. Tausend berühmte Frauen in Wort und Bild. Wiesbaden o. J.
Lück, C.: Frauen. Neun Schicksale. Reutlingen 1954.
→ Maria Goeppert-Mayer
→ Irène Joliot-Curie
→ Lise Meitner

Phoolan Devi

Phoolan Devi wurde vermutlich 1960 in einem kleinen Dorf in Uttar Pradesh (Zentralindien) geboren. Sie gehörte der sehr niedrigen Kaste der „Mallahs" an: Deren traditionelle Lebensgrundlage — Bootsleute und Fischer — bringt ihnen wenig Geld ein. Phoolans Vater musste seinen Lebensunterhalt daher als Landarbeiter und Seilbinder verdienen.

Die Praxis der „Kinderehe" ist in ländlichen Gebieten Indiens durchaus noch üblich. Normalerweise bleibt die Braut aber noch so lange im Haus der Eltern, bis sie ihre erste Periode hatte. Dass Phoolan Devi schon mit elf Jahren zu ihrem Ehemann kam, ist sehr ungewöhnlich. Ihr Mann schlug und misshandelte sie, woraufhin sie zu ihren Eltern zurückging. Eine Frau, die von ihrem Mann zu ihrer Familie zurückkehrt, ist in Indien ein Schandfleck für den Familiennamen.

Nachdem ihr Mann seine Ehe mit ihr aufgekündigt hatte, kam sie zu ihrem Onkel, wo sie genauso wenig erwünscht war, wie zu Hause bei den Eltern.

Als Banditin mag Phoolan zum ersten Mal in ihrem Leben Respekt genossen haben. Ihren ersten großen Raubüberfall verübte sie 1979. Es folgten weitere Gewalttaten. Sie wurde steckbrieflich von der Polizei gesucht. Auf ihren Kopf waren 10.000 Rupien ausgesetzt: tot oder lebendig.

Bei den niedrigen Kasten genoss sie hohes Ansehen, ihre Person wurde zu einer „lebenden Legende" stilisiert, etliche nannten sie „den indischen Robin Hood". Ihr Verhalten faszinierte die Menschen auch deshalb, weil es nicht in das traditionelle Bild von einer indischen Frau aus einer so niedrigen Kaste passte: Sie hätte sich fügen und ihr Los ertragen müssen.

Phoolan Devi ergab sich am 12. Februar 1983 in einer großen öffentlichen Zeremonie den Behörden. Im Zentralgefängnis weigerte sie sich, in der Frauenabteilung einquartiert zu werden. Schließlich gab man ihrem Wunsch nach und quartierte sie zusammen mit einem ihrer „Bandenkollegen" in der Männerabteilung ein.

1994 wurde Phoolan Devi aus dem Gefängnis entlassen. Seither engagierte sie sich für die Rechte der Frauen in ihrer Heimat.

Am 25. Juli 2001 wurde Phoolan Devi vor ihrem Haus von maskierten Tätern ermordet. Die Motive sind noch ungeklärt.

LITERATUR
Kade-Luthra, Veena: Phoolan Devi. Die Legende einer indischen Banditin. Frankfurt/Main 1983.

Waris Dirie

Waris Dirie wurde in der Wüste von Somalia geboren. Ihr Geburtsjahr ist nicht bekannt. Da die Sterblichkeit der Neugeborenen in Somalia sehr hoch ist, wird dem Geburtsdatum keine besondere Bedeutung beigemessen.

Die Familie von Waris Dirie lebte wie ihre Vorfahren vor Tausenden von Jahren. Die Sprache der Somali gibt es erst seit 1973 in geschriebener Form, vorher gab es nur die mündliche Überlieferung. So konnte sie nicht lesen und nicht schreiben. In ihrem Bewusstsein gab es keine Geschichte und keine Zeiteinteilung. Es zählte nur das Heute. Ganz anders war der Hintergrund ihrer Mutter. Diese wuchs in der Hauptstadt Mogadischu auf. Sie sprach Italienisch und war mit Kultur und Gesellschaft der ehemaligen Kolonialmacht Italien vertraut. Gegen den Widerstand ihrer Familie heiratete Waris' Mutter ihren Mann, dessen Nomadenfamilie als minderwertig angesehen wurde.

In ihrer Familie galt Waris Dirie schon von Kindheit an als Aufbegehrende. So forderte sie von dem reichem Bruder ihres Vaters für ihre Arbeit als Hirtin etwas ganz Ausgefallenes: ein Paar Schuhe. Als ihr Onkel sie mit Gummisandalen zufrieden stellen wollte, schleuderte sie ihm die Sandalen ins Gesicht.

Ihre Beschneidung wurde ihr als etwas Besonderes und als Beginn des Frauseins vermittelt. Je nach geographischer Lage und kultureller Tradition ist die Schwere der Verstümmelung verschieden. Der „geringste Schaden" entsteht, wenn nur die Spitze der Klitoris weggeschnitten wird. Bei ihr wurde, wie bei 80 Prozent der somalischen Frauen, die pharaonische Beschneidung durchgeführt. Es wurden ihr die Klitoris, die großen und kleinen Schamlippen weggeschnitten und die Wunde zugenäht – nur eine winzige Öffnung blieb für Urin und Menstruationsblut. Die Komplikationen dieses Eingriffs führen häufig zum Tod oder zu Langzeitschäden wie Harnröhren-, Blasen- und Beckenentzündungen oder Stauung von Menstruationsblut in der Bauchhöhle. Sie selbst entkam nur knapp dem Tod. Während ihrer Zeit in London ließ sich Waris Dirie die Narbe aufschneiden, dennoch leidet sie heute noch an ihrer Verstümmelung.

Firmen wie Levi's, Benetton oder Oil of Olaz bauten auf das exotische Aussehen von Waris Dirie. Im Rahmen eines Werbespots von Revlon anlässlich der Oscar-Verleihung wurde ihr, Cindy Crawford und Claudia Schiffer die Frage gestellt, was für sie als Frau revolutionär sei. Waris Dirie antwortete: „Ein Nomadenmädchen aus Somalia wird Revlon-Model" (Dirie 1998, S. 263).

Waris Diries Bekanntheit trug dazu bei, dass sie UNO-Sonderbotschafterin wurde. Im Rahmen ihrer Aufklärungsarbeit reist sie zum Beispiel nach Afrika, um ihre Geschichte zu erzählen und die Menschen zu informieren. Im Koran ist die Beschneidung der Frauen nicht gefordert. Waris Dirie meint, dass nicht nur Unwissenheit und Aberglaube die Gründe für die Beschneidung seien. Ihrer Meinung nach verlangen Männer diesen Eingriff, um sich das alleinige Anrecht auf die sexuellen Dienste ihrer Frauen zu sichern. Mütter betrachten es als Verpflichtung, ihren Töchtern gute Startchancen für eine Heirat zu bieten. Deshalb würden auch sie an der Beschneidung festhalten.

Waris Dirie lebt heute mit ihrem Mann und ihrem Sohn in New York. Ihr Buch „Wüstenblume" ist seit Erscheinen auf allen Bestsellerlisten zu finden.

LITERATUR
Dirie, Waris: Wüstenblume. Augsburg 1998.
→ Karlheinz Böhm

Marion Gräfin Dönhoff

Marion Gräfin Dönhoff wurde am 2. Dezember 1909 auf Schloss Friedrichstein in der Nähe von Königsberg (heute Kaliningrad) geboren. Ihre Mutter war eine Palastdame der Kaiserin und immer auf Konventionen bedacht. Der Vater hingegen war ein unkonventioneller, kosmopolitischer Mann. In jungen Jahren war er als Diplomat und Reisender in der Welt unterwegs, später informierte er sich über das Weltgeschehen durch mehrere internationale Tageszeitungen. So war Weltoffenheit für Marion Dönhoff schon früh selbstverständlich.

Die Familie Dönhoff legte Wert darauf, die Klassenunterschiede nicht zu betonen. Das Alltagsleben war karg gehalten. Soziales Engagement war dagegen wichtig: War jemand im Dorf krank, brachten die Schlosskinder Medizin und Essen.

1925 konnte Marion Dönhoff ihren Schulbesuch in Berlin durchsetzen. Sie gehört zu der Generation, die die Früchte der ersten Frauenbewegung ernten konnte. Davon schien die Mutter unberührt; sie traute Frauen auf geistigem Gebiet wenig zu. Nach ihrem brillanten Abitur 1928 erkämpfte Marion Dönhoff bei der Mutter die Erlaubnis zum Studium. Vorher musste sie allerdings ein Jahr lang eine Haushaltsschule in der Schweiz besuchen. Daran schlossen sich zunächst eine Rundreise durch Amerika und eine Reise nach Ostafrika an.

Marion Dönhoff begann 1930 ihr Volkswirtschaftsstudium in Frankfurt. Als die Nationalsozialisten an die Macht kamen, wechselte sie nach

Basel. Hier wollte sie zunächst über Marxismus promovieren. Doch ihr Professor beeinflusste sie dahingehend, die Entstehung ihres Familienbesitzes zu untersuchen.

Mit Beginn des Zweiten Weltkrieges wurde ihr die alleinige Verwaltung der Güter übertragen. In dieser Zeit begann auch ihre Arbeit im Widerstand gegen Hitler. Während sie auf Schloss Friedrichstein als regimetreue Gutsherrin auftrat, arbeitete sie im Geheimen, die Verbindung zwischen Widerstandskreisen in Berlin und Ostpreußen zu halten, Informationen zu übermitteln und Kontakte zu knüpfen. Sie gehörte zum Kreisauer Kreis, dem zivilen Arm der Hitler-Attentäter um Graf Stauffenberg. Dessen Ziel war es, nach Hitlers Tod einen Bürgerkrieg zu verhindern und den Aufbau eines freien Deutschlands zu sichern.

In den eisigen Januartagen des Jahres 1945 ritt Marion Dönhoff auf der Flucht vor der Roten Armee nach Westen.

1946 nahm sie das Angebot an, bei der neu zu gründenden Zeitung DIE ZEIT mitzuarbeiten. In den Anfangsjahren bestand die Gefahr, dass die Chefredaktion die Zeitung in ein radikal rechtes Lager führen würde. Marion Dönhoff war hier zu keinem Kompromiss bereit und kündigte. 1955 kehrte sie als Verantwortliche für Politik zur ZEIT zurück, nachdem die liberale Linie geklärt war.

Ihre disziplinierte, weltoffene und unkonventionelle Haltung prägt ihre Arbeit bei der ZEIT bis heute. So setzte sie sich zum Beispiel schon früh für eine versöhnende Ost-Politik ein. Ihr ging es um den Frieden zwischen Ost und West. Deshalb stellte sie den eigenen Schmerz um den Verlust ihrer Heimat zurück. Für ihre Politik der Versöhnung erhielt sie 1971 den Friedenspreis des Deutschen Buchhandels. Seitdem hat sie viele Auszeichnungen und Laudatien entgegengenommen.

LITERATUR
Dönhoff, Marion Gräfin: Kindheit in Ostpreußen. Berlin 1988.
Kuenheim, Haug von: Marion Gräfin Dönhoff. Reinbek bei Hamburg 1999.
Schwarzer, Alice: Marion Gräfin Dönhoff. In: Schwarzer, Alice: Warum gerade sie? Weibliche Rebellen. Begegnungen mit berühmten Frauen. Frankfurt/Main 1991.
Schwarzer, Alice: Marion Dönhoff. Ein widerständiges Leben. München 1997.

Maria Goeppert-Mayer

Maria Goeppert-Mayer wurde am 28. Juni 1906 in Kattowitz geboren und starb am 20. Februar 1972 in San Diego (Kalifornien). Ihr Vater war Professor für Kinderheilkunde und ihre Mutter Lehrerin für Sprachen und Klavier. Als Maria drei Jahre alt war, zogen die Eltern mit ihr nach Göttingen. Sie war das einzige Kind.

Für die Eltern war es selbstverständlich, dass ihre Tochter studieren würde. Das Recht dazu war in dieser Zeit bereits für Frauen gegeben. Wie Frauen allerdings zu ihrem Abitur kamen, blieb allein ihre Sache. So besuchte Maria Goeppert zwei Jahre eine Privatschule, die von Frauenrechtlerinnen geführt wurde. Danach legte sie als Externe die Abiturprüfung an einem Jungengymnasium ab.

1924 schrieb sie sich für Mathematik an der Universität Göttingen ein, drei Jahre später begann sie, auch Physik zu studieren. Ihre Dissertation schrieb sie in der Quantenphysik.

1930 heiratete sie den amerikanischen Chemiker Joe Mayer. Er erhielt eine Stelle als Professor in Baltimore/Maryland und so zog sie mit ihm in die USA. Vom „Land der unbegrenzten Möglichkeiten" war sie bitter enttäuscht: Ihr Forschungsgebiet, die Quantenphysik, gab es hier noch nicht, Wissenschaftlerinnen hatten kaum Chancen auf eine Arbeitsstelle. Außerdem war ihr als Frau eines Wissenschaftlers eine Anstellung an der Universität ihres Mannes verboten. Sie arbeitete als Deutschkorrespondentin bei einem Physikprofessor und durfte ihren Arbeitsraum auch für ihre Forschungen nutzen. Nebenbei bildete sie Studentinnen aus und schrieb wissenschaftliche Artikel. 1938 veröffentlichte sie zusammen mit ihrem Mann ein Lehrbuch über „Statistische Mechanik". Da viele männliche Wissenschaftler zum Kriegsdienst eingezogen wurden, rückte sie 1941 als Wissenschaftlerin auf. Sie arbeitete am Bau der Atombombe mit.

1946 zog das Ehepaar Goeppert-Mayer nach Chicago. Dort bekam Maria Goeppert-Mayer eine feste Anstellung. Sie erhielt einen Professorentitel, allerdings ohne Bezüge. Sie begann wieder, in der theoretischen Physik zu forschen. Aufgrund ihrer Arbeiten über „Kernfigurationen nach dem Spin-Bahn-Kopplungsmodell" wurde sie „Madonna of the Onion" (Zwiebelheilige) genannt.

1963 wurde sie für ihr Schalenmodell mit dem Nobelpreis für Physik geehrt, den sie sich mit einer Physikerin und einem Physiker teilte. Sie war nach Marie Curie die zweite Frau, die diese Auszeichnung in der Physik erhielt.

Es war ihr Anliegen, junge Frauen zu ermutigen, sich den Naturwissenschaften zuzuwenden. Neben ihrer Forschungstätigkeit hat Maria Goeppert-Mayer zwei Kinder geboren und aufgezogen.

LITERATUR
Frank, Elisabeth: Maria Goeppert-Mayer. In: Lehren und Lernen. Zeitschrift des Landesinstituts für Erziehung und Unterricht Stuttgart. Heft 12, 1998, S. 22–23.
Rauch, Judith: Werde nie eine Frau, wenn du groß bist. In: Kerner, Charlotte (Hrsg.): Nicht nur Madame Curie – Frauen, die den Nobelpreis erhielten. Weinheim/Basel 1990, S. 151–181.
→ Marie Curie
→ Irène Joliot-Curie
→ Lise Meitner

Jane Goodall

Jane Goodall wurde 1934 in London geboren, erhielt ihre Ausbildung als Sekretärin in Bournemouth und ging 1957 im Alter von 23 Jahren nach Afrika. Dort traf sie den berühmten britischen Anthropologen Dr. Louis Leakey, für den sie zunächst drei Jahre als Sekretärin arbeitete.

Sehr schnell erkannte er, dass Jane Goodall über ein ungewöhnlich reiches Wissen über Tiere in Afrika verfügte. 1960 bat er sie, im Gombe Stream Chimpanzee Reserve am Tanganyikasee in Tansania das Leben der Schimpansen zu erforschen. Nach fünf Jahren unterbrach sie für kurze Zeit ihre Arbeit, denn Leakey setzte durch, dass sie sogar ohne Studium an der Universität von Cambridge als Doktorandin zugelassen wurde. Sie promovierte glanzvoll und kehrte als Dr. Jane Goodall nach Tansania zurück und gründete 1965 das Gombe Stream Research Center.

Heute, nach über 35-jähriger Forschungsarbeit mit wild lebenden Schimpansen (der längsten Feldstudie, die jemals durchgeführt wurde), koordiniert und kontrolliert sie mit einem Team in Gombe verschiedene wissenschaftliche Einzelprojekte zur Erforschung des Lebens von Schimpansen. Mittlerweile verfolgt Jane Goodall ein weiteres Ziel. Die Idee dazu hatte sie auf einer Umweltkonferenz. Auf der Tagung wurde ihr klar, dass es bald keine Tiere mehr zu erforschen geben würde, wenn die Naturzerstörung so weitergehe. Deshalb gründete sie ein weltweites Umweltschutz-Netzwerk für Jugendliche, denn „die Zukunft der Natur liegt in den Händen dieser Jugendlichen". „Roots & Shoots" – Wurzeln und Sprossen – wurde 1991 gegründet und hat mittlerweile über 1000 Ableger in mehr als 30 Ländern. In diesem Netzwerk wird praktisch gearbeitet: In Quebec hat eine High-School ein Vogelschutzgebiet angelegt, in Kuwait organisieren Kinder ein Theaterstück über Umweltzerstörung, in Angola werden verwaiste Affenbabys gepflegt. Die deutsche Zentrale von Roots & Shoots (siehe Kontaktadresse) hat sich des „Chimp-Island" in Uganda angenommen, einer Insel für verwaiste Affenkinder, die in Freiheit nicht mehr zurechtkommen. Die „Chimp Friends" entwickeln z. B. Beschäftigungsprogramme für Affen, die im Zoo leben.

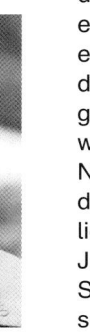

In jüngster Zeit ist Jane Goodall wegen ihrer Netzwerk-Aktivitäten nur noch selten zu Besuch im Forschungszentrum in Gombe. Dann geht sie alleine in den Wald zu ihren Schimpansen. „Es ist Zeit, dass ich etwas zurückzahle", hat sie beschlossen. Sie nutzt ihre Prominenz dazu, sich für den Schutz der schätzungsweise noch rund 250.000 wild lebenden Schimpansen einzusetzen.

LITERATUR
Goodall, Jane: Grund zur Hoffnung. München 1999.
Brigitte 23, 1998: „Sie weint immer noch, wenn einer ihrer Affen stirbt"

KONTAKTADRESSE
Jane Goodall Roots & Shoots e. V.
Herzogstr. 60
80803 München
Internet: www.janegoodall-germany.org

Christina Haverkamp

Christina Haverkamp ist vielen Menschen als Abenteurerin und Menschenrechtlerin bekannt. Ihr Wissen um Überlebenstechniken ist ihr unentbehrliches „Handwerkszeug" für ihre Arbeit im Einsatz für Menschenrechte. Für ihren engagierten Einsatz für die Yanomami-Indianer bekam Christina Haverkamp 1998 den „Weitsichtpreis", einen Menschenrechtspreis.

Inzwischen führt sie die Yanomami-Arbeit ohne Rüdiger Nehberg weiter. So ist sie gerade dabei, eine zweite Krankenstation aufzubauen. Darüber hinaus hat sie mit einer Frauenexpedition (drei Frauen allein durch den Regenwald) 200 kg Medikamente sowie medizinisches Gerät in das Indianer-Krankenhaus transportiert.

Sie hat als erste Frau den höchsten Berg Brasiliens, den Pico da Neblina bestiegen. Außerdem besuchte sie in Tibet zerstörte Nonnenklöster und hat es sich auch zur Aufgabe gemacht, auf die Unterdrückung der dortigen Nonnen aufmerksam zu machen. Christina Haverkamp gibt ihre vielen Erlebnisse und ihr Wissen gerne weiter. Sie kommt an Schulen und hält spannende und informative Vor-

träge über ihre Menschenrechtsaktionen. Dabei ermutigt sie die Kinder, für eigene Ziele selbst aktiv zu werden. So hat sie gerade durch Schulaktionen mit Kindern eine Krankenstation für die Yanomami finanzieren können. Dabei bietet sie besonders Mädchen ein Modell für ein abenteuerliches und selbstbewusstes Leben, das gleichzeitig mit dem Einsatz für Menschenrechte verbunden ist.
Christina Haverkamp ist im Vorstand der „Gesellschaft für bedrohte Völker".

LITERATUR
Mehr als 15 Fernsehfilme über ihre Expeditionen

Kontaktadressen
Christina Haverkamp
Resenis
24242 Felde
Tel./Fax: 04340-405969
christinahaverkamp@web.de

Gesellschaft für bedrohte Völker
Postfach 2024
31010 Göttingen
Tel.: 0551-49906-0 / Fax: -58028
www.gfbv.de
Hier können Filme, Ausstellungen und Unterrichtseinheiten entliehen werden.
→ Rüdiger Nehberg
→ Dalai Lama

Lotti Huber

Lotti Huber wurde 1912 als Tochter großbürgerlicher jüdischer Eltern in Kiel geboren. Dort verbrachte sie gemeinsam mit den beiden Brüdern ihre Jugend. Schon damals liebte sie es, all ihre Fassetten auszuleben und ihre schillernde Persönlichkeit durch individuellen Tanz und fantasievolle Kleidung auszudrücken.
Lotti Huber führte ein bewegtes und intensives Leben. Abgesehen davon, dass sie an den verschiedensten Orten der Welt gelebt hat, war sie ein Mensch mit einer enormen inneren Stärke und ungeheurer Lebenslust. So behauptete sie von sich, nie auf Tabus geachtet und einfach drauflos gelebt zu haben. 
Sie war eine Frau, die stets auf ihre „innere Stimme" hörte und nach ihr lebte. Dabei vereinigte sie die unterschiedlichsten Eigenschaften miteinander: Egoismus und ungeheure Liebe zu anderen Menschen, intensive Lebenslust und die Akzeptanz von Trauer, ein Leben als Geschäfts- und Ehefrau, voller Leidenschaft für das, was sie gerade tat. Lotti Huber war ein gütiger, schalkhafter, lebenslustiger, neugieriger, authentischer, sperriger, liebender und ein sich ständig weiterentwickelnder Mensch, der sich in keine Schublade stecken ließ.
Mit 68 Jahren lernte sie den als „Skandalnudel" verschrieenen Regisseur Rosa von Praunheim kennen, mit dem sie bald eine innige Freundschaft verband. Mit ihm drehte sie Filme wie „Unsere Leichen leben noch" und „Anita Berber – Tänze des Lasters und des Grauens". Auf diesem Weg wurde sie mit 75 Jahren zum Star. Lotti Huber starb am 31. Mai 1998 in Berlin.

LITERATUR
Huber, Lotti: Diese Zitrone hat noch viel Saft! München 1993.
Huber, Lotti: Jede Zeit ist meine Zeit. München 1994.

Diana Jäger

Der Text beruht auf persönlichen Informationen. Hierzu diente sowohl ein persönliches Gespräch als auch ein Briefwechsel. Weitere Informationen entnahmen wir einem Zeitungsartikel im Weser Kurier vom 24. August 1999, in dem auch auf eine Broschüre mit dem Titel „Die Erste – Von der ersten Bürgermeisterin bis zur ersten Busfahrerin" hingewiesen wurde. Diese Informationsschrift kann über die Gleichstellungsbeauftragten bzw. Frauenbeauftragten in den einzelnen Bundesländern erworben werden.

KONTAKTADRESSE
Diana Jäger
Laheiter Str. 43
28832 Achim
Tel.: 0 42 02-16 16

Irène Joliot-Curie

Irène Joliot-Curie wurde am 12. September 1897 in Paris geboren. Als Tochter von Marie und Pierre Curie setzte sie die naturwissenschaftliche Tradition der Familie fort. Irène wuchs mit der Überzeugung auf, dass naturwissenschaftliche Fähigkeiten unabhängig vom Geschlecht einer Person erworben werden können. Neben ihrem Physikstudium half sie während des Ersten Weltkrieges ihrer Mutter beim Aufbau und der Anwendung von Röntgengeräten für verletzte Soldaten.

Mit 19 Jahren heiratete sie den Physiker Fréderic Joliot, der – für damalige Verhältnisse äußerst ungewöhnlich – seinem eigenen Namen den Namen Curie hinzufügte. Ähnlich wie bei ihren Eltern war die Beziehung von Irène und ihrem Mann sowohl privat als auch beruflich sehr erfolgreich. 1935 erhielten sie den Nobelpreis für die Entdeckung, dass Radioaktivität künstlich erzeugt werden kann.

Am 17. März 1956 starb Irène Joliot-Curie an Leukämie. Sie hatte sich – genau wie ihre Mutter – bei ihren Forschungsarbeiten zu wenig vor den Strahlen geschützt.

LITERATUR
Fölsing, U.: Nobel-Frauen. Naturwissenschaftlerinnen im Portrait. München 1994[3].
Seifert, S.: Ein Element des Erfolgs, egal in welchem Beruf, ist die Lust am Handwerk. In: Kerner, Charlotte: Nicht nur Madame Curie – Frauen, die den Nobelpreis bekamen. Weinheim 1992[3].
→ Marie Curie
→ Lise Meitner
→ Maria Goeppert-Mayer

Sofja Kowalewskaja

Sofja Kowalewskaja wurde am 15. Januar 1850 in Weißrussland geboren und starb am 10. Februar 1891 in Stockholm. Sie entstammte einer Adelsfamilie. Ihr Vater war General in der russischen Armee. Sie wuchs in einem großen Landhaus in Weißrussland auf und wurde in ihrer Kindheit von einer Njanja, einer leibeigenen Kinderfrau, betreut. Später wurde sie von einer englischen Gouvernante unterrichtet. Zu ihren Eltern hatte sie keine persönliche Beziehung.

Schon als Kind war Sofja Kowalewskaja sehr wissbegierig und wollte gerne lernen. In St. Petersburg erhielt sie in Mathematik Privatunterricht. Ihre ältere Schwester Anjuta lebte auch dort. Durch sie bekam Sofja Kowalewskaja Kontakte zur Frauenbewegung und zu politischen Kreisen. In ihren Kreisen war es üblich, dass Frauen Scheinehen eingingen, um ein selbstständiges Leben führen zu können. Sofja heiratete deshalb den Naturforscher Kowalewski, mit dem sie 1869 nach Heidelberg zog.

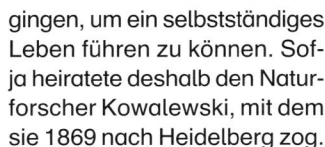

Ihr Mentor, der Mathematiker Karl Weierstraß, setzte durch, dass sie für ihre drei Dissertationen 1874 zum Dr. phil. promovieren durfte. 1884 wurde sie von der Universität Stockholm zur Professorin ernannt. Sie war die erste Universitätsprofessorin in Europa.

1888 erhielt Sofja Kowalewskaja für ihre bahnbrechenden Berechnungen der Rotation eines Körpers um einen Fixpunkt die höchste Auszeichnung der französischen Akademie der Wissenschaften, den Prix Bordin. Ihre Berechnungen gelten als sehr umfassend, so dass bis heute keine weiteren Untersuchungen auf diesem Gebiet angestellt wurden.

Sofja Kowalewskaja arbeitete auch als Schriftstellerin. Sie schrieb Theaterstücke, Kurzgeschichten und Zeitungsartikel. Am bekanntesten sind ihre autobiografischen „Kindheitserinnerungen". Mit 41 Jahren starb Sofja Kowalewskaja an den Folgen einer Herzattacke. Ihre Tochter Fufa durfte weiter bei Freunden in Schweden aufwachsen und wurde später Ärztin.

LITERATUR
Alic, Margret: Hypathias Töchter. Der verleugnete Anteil der Frauen an der Wissenschaft. Zürich 1991.
Frank, Elisabeth: Sofja Kowalewskaja. In: Lehren und Lernen. Zeitschrift des Landesinstituts für Erziehung und Unterricht Stuttgart. Heft 12, 1998, S. 8–9.

Rosa Luxemburg

Rosa Luxemburg wurde am 5. Mai 1871 in Zamosc (Polen) geboren und am 15. Januar 1919 in Berlin ermordet. Die Familie Luxemburg brach in vielerlei Hinsicht mit ihrer jüdischen Tradition, um ihren Kindern die Integration in die polnische Gesellschaft zu ermöglichen. Die offene, multinationale Hauptstadt Warschau schien dafür geeignet. Doch auch nach dem Umzug 1873 dorthin blieben die Luxemburgs Außenseiter. In der gesellschaftlichen Hierarchie Polens unter der Besatzungsmacht Russland standen Juden ganz unten. So hatten die Töchter der russischen Besatzer das absolute Vorrecht für den Besuch des Mädchengymnasiums in Warschau. Die weiteren Plätze wurden dann an die Töchter des polnischen Kleinadels vergeben. Die übrig gebliebenen Plätze wurden schließlich an Töchter verdienter Juden verteilt. Rosa Luxemburg musste eine Aufnahmeprüfung machen und wurde nur aufgrund ihrer ausgezeichneten Leistungen für den Besuch des Gymnasiums zugelassen. Sie konnte zu dieser Zeit bereits Polnisch, Russisch, Deutsch und Französisch sprechen und schreiben. Als Jüdin und Behinderte hatte Rosa während ihrer Schulzeit mit vielen Demütigungen zu kämpfen, die sie mit ausgezeichneten Leistungen kompensierte. Dennoch wurde ihr die Goldmedaille für das beste Abschlusszeugnis nicht verliehen, da sie sich der illegalen „revolutionär-sozialistischen Partei Proletariat" angeschlossen hatte und politisch aktiv war. Die zaristische Polizei ließ sie bereits zum Ende ihrer Schulzeit nicht mehr aus den Augen.

1889 wurde für Rosa Luxemburg die Lage zu gefährlich, so dass sie in die Schweiz floh. Hier studierte sie Recht und Volkswirtschaft an der Universität Zürich und schloss 1897 das Studium mit einer Dissertation über die wirtschaftliche Entwicklung des Königreichs Polen ab. In der Schweiz lernte sie Leo Jogiches kennen, mit dem sie bereits 1894 die „Polnische sozialistische Partei" gründete. Sie verliebte sich in Leo Jogiches und hoffte zeitweise darauf, mit ihm eine Familie zu gründen. Doch er bekannte sich in der Öffentlichkeit nicht zu ihr, und damit zerbrach ihr Traum. Rosa Luxemburg entschied sich, nach Deutschland zu ziehen, um ihre politische Arbeit auszuweiten. Um einen deutschen Pass zu erhalten, ging sie eine Scheinehe mit Gustav Lübeck, dem Sohn von Freunden, ein. 1898 zog Rosa Luxemburg nach Berlin und wurde Mitglied der SPD. Hier verfolgte sie systematisch ihr Ziel, durch Kontakte und ihre Artikel Einfluss auf die politische Entwicklung zu nehmen. Bald galt sie als einflussreichste Stimme des äußersten linken Flügels der SPD. Sie wurde für ihre besondere Fähigkeit, auf Versammlungen zu sprechen und durch Schlagfertigkeit und Humor die Massen zu begeistern, bewundert. Zeitweise war sie Chefredakteurin bei verschiedenen Zeitungen sowie Dozentin der SPD-Parteischule. Ihre antimilitärische Haltung führte schließlich zu einem Bruch mit den führenden SPD-Politikern. Sie setzte sich entschieden für den Frieden ein und hoffte, dass die Sozialistische Internationale den Frieden in Europa aufrechterhalten könne. Bis zuletzt versuchte sie, Einfluss auf die SPD zu nehmen. Doch die SPD bewilligte 1914 die Kriegskredite und machte gemeinsame Sache mit der Reichsmacht. Rosa Luxemburg gab nicht auf und versuchte weiterhin mit illegalen Artikeln Widerstand gegen den Krieg zu leisten. 1915 wurde sie als „Politische" für ein Jahr inhaftiert. Selbst vom Gefängnis aus veröffentlichte sie illegal Artikel und schrieb zahlreiche Briefe. 1916 formierten sich innerhalb der SPD verschiedene Gruppen, u. a. die Internationalisten bzw. Spartakisten, denen sich Rosa Luxemburg zugehörig fühlte. Dennoch glaubte sie weiterhin daran, die SPD durch die Rebellion der Massen zu verändern. 1916 wurde sie erneut verhaftet und erst 1918 entlassen. Im Dezember 1918 wurde unter Beteiligung von Rosa Luxemburg die Kommunistische Partei Deutschlands/Spartakusbund (KPD) gegründet. Am 5. Januar 1919 begann der Spartakusaufstand in Berlin, der von Regierungstruppen niedergeschlagen wurde. Rosa Luxemburg und Karl Liebknecht tauchten unter. Am 15. Januar 1919 wurden sie verhaftet, misshandelt und ermordet. Rosa Luxemburgs Leiche wurde erst am 31. März 1919 entdeckt, sie war in den Landwehrkanal geworfen worden.

LITERATUR
Gallo, Max: Rosa Luxemburg. „Ich fürchte mich vor gar nichts mehr". Düsseldorf/München 1998.
Laschitza, Annelies: Im Lebensrausch, trotz alledem. Rosa Luxemburg. Eine Biographie. Berlin 2000.
Wilde, Harry: Rosa Luxemburg. Ich war – ich bin – ich werde sein. München 1986[2].
→ Wilhelm Kaisen

Barbara McClintock

Barbara McClintock wurde am 16. Juni 1902 in Hartford (Connecticut) geboren und starb am 2. September 1992 in Huntington (New York). Ihre Persönlichkeit war gekennzeichnet durch Autonomie sowie durch eine gewisse Gleichgültigkeit gegenüber bürgerlichen Konventionen. Ihr Leben verbrachte sie vorwiegend als Einzelgängerin. Sie engagierte sich intensiv für ihre Forschungsarbeiten. Zunächst konnte sie sich nur mit Stipendien ihren Lebensunterhalt verdienen. 1941 erhielt sie als anerkannte Maisgenetikerin eine Anstellung an der Columbia Universität in New York. Aufgrund ihrer Forschungsarbeiten zog sie 1947 den genialen Schluss, dass Gene keine unveränderlichen Erbeinheiten sind. Gene können zwischen den Chromosomen springen und dadurch Mutationen hervorrufen. Ihre bahnbrechenden Entdeckungen stellte sie 1951 auf einem Symposium vor. Sie wurden zurückgewiesen, weil ihre Kollegen an dem Dogma der Beständigkeit des Erbgutes festhielten.
Erst Ende der 70er-Jahre wurde in der Molekularbiologie erkannt, dass das Erbgut verschoben und neu kombiniert werden kann. Im Rahmen der Krebsforschung fanden Barbara McClintocks Forschungsergebnisse nun große Anerkennung. Daraufhin erhielt sie 1983 den Nobelpreis für Medizin für ihre 30 Jahre zurückliegende Pionierarbeit auf dem Gebiet der Genforschung.

LITERATUR
Karotke, Marianne: Barbara McClintock. In: Lehren und Lernen. Zeitschrift des Landesinstituts für Erziehung und Unterricht Stuttgart. Heft 12, 1998, S. 20–21.
Ries, Renate: Das Leben ist viel wunderbarer als uns die Wissenschaft erkennen läßt. In: Kerner, Charlotte: Nicht nur Madame Curie – Frauen, die den Nobelpreis bekamen. Weinheim/Basel 1990, S. 273–296.
Vare, Ehlie Ann: Patente Frauen, große Erfinderinnen. Wien/Darmstadt 1990, S. 223–226.

Lise Meitner

Lise Meitner wurde am 17. November 1878[1]) in Wien geboren und starb am 27. Oktober 1968 in Cambridge. Sie machte ihr Examen als Lehrerin. Danach bereitete sie sich auf ihr Abitur vor. Mädchen durften damals noch kein Gymnasium besuchen, deshalb legte Lise Meitner ihre Abiturprüfung 1901 extern ab. Dies war nur möglich, weil ihre Eltern tolerant und weitblickend waren und die Ausbildung ihrer Tochter unterstützten.

Nach dem Abitur begann Lise Meitner Physik als Hauptfach zu studieren. Ihr Interesse galt der Atom-Physik, die 1895 mit der Entdeckung der X-Strahlen durch Wilhelm Röntgen sowie mit der bald folgenden Entdeckung der Strahlen des Urans durch Henri Becquerel und Marie Curie ihren Anfang nahm.

1906 schloss Lise Meitner das Studium mit ihrer Promotion ab. Zusammen mit ihrer Kommilitonin Selma Freud war sie die zweite Frau, die im Fach Physik den Doktortitel erhielt und die vierte Frau mit Doktortitel an der Wiener Universität überhaupt.

Lise Meitner entschied sich, bei Max Planck in Berlin weiter zu studieren. Deshalb lehnte sie das ungewöhnliche Stellenangebot ab, als Forscherin in einer Glühlicht-Fabrik zu arbeiten. Der Vater bewunderte ihren Mut und sicherte ihr finanzielle Hilfe zu.

In Berlin hatte sie zunächst mit der Ablehnung als Frau zu kämpfen. Speziell in Preußen war 1907 Frauen der Zugang zur Universität versperrt. Dennoch gelang es ihr, sich in die Vorlesungen von Max Planck einzuschreiben.

Parallel bildete sie mit dem Chemiker Otto Hahn eine Arbeitsgruppe. Sie erforschten zum Beispiel radioaktive Zerfallsprodukte. Lise Meitner durfte sich ihr Forschungslabor nur in einer ehemaligen Holzwerkstatt im Keller des Chemischen Instituts einrichten. Der Institutsleiter Emil Fischer hatte große Vorbehalte gegen Frauen in den Wissenschaften. Die Arbeitsgruppe Hahn-Meitner machte sich in der Fachwelt bald einen Namen. Obwohl sie gleichberechtigte PartnerInnen waren, sah die Öffentlichkeit Lise Meitner als Hahns Mitarbeiterin.

1918 erhielt Lise Meitner eine eigene Abteilung mit den entsprechenden Räumlichkeiten im Kaiser-Wilhelm-Institut. Hier fand sie ihr eigenes Forschungsgebiet mit der Untersuchung der Beta- und Gamma-Strahlen, die beim radioaktiven Zerfall entstehen. 1922 wurde ihr der Professorentitel zugesprochen, denn seit 1920 wurden nun auch Frauen zur Habilitation zugelassen. Ihr gleichaltriger Kollege Otto Hahn war schon seit 1907 Professor.

Ihr Leben als Wissenschaftlerin, das sie sich immer gewünscht hatte, wurde durch die Nationalsozialisten zerstört. 1933 wurde ihr als Jüdin die Lehrbefugnis entzogen. Lise Meitner blieb dennoch in Berlin. 1934 begann sie zusammen mit Otto Hahn und Fritz Straßmann mit den Versuchen, die schließlich zur Kernspaltung führten. Der Druck der Nationalsozialisten auf Lise Meitner wurde größer, sodass sie schließlich 1938 über Holland nach Schweden flüchtete. Otto Hahn und Fritz Straßmann arbeiteten an den Versuchen weiter und kamen zu verblüffenden Ergebnissen, über die sie Lise Meitner informierten. Lise Meitner deutete die Ergebnisse und berechnete zusammen mit ihrem Neffen Otto Robert Frisch als erste die Energiemenge, die bei der Kernspaltung abgegeben wird. Während Fritz Straßmann Lise Meitner immer als Mitentdeckerin der Kernspaltung sah, nannte Otto Hahn ihren Namen in der Öffentlichkeit nie. So bekam er 1945 allein den Chemie-Nobelpreis für ihre gemeinsame Entdeckung zugesprochen.

Nach dem Krieg appellierte sie an ihre ehemaligen Kollegen, besonders an Otto Hahn, ihren Anteil an den Greueltaten im Nazi-Deutschland und Krieg zu erkennen. Erst durch die Bereitschaft zur Mitverantwortung könne es in Deutschland einen Neubeginn geben.

ANMERKUNG
1) Durch ein Versehen wurde ihr Geburtsdatum auf den 7. November datiert. Lise Meitner änderte den Fehler nicht, denn auch Marie Curie hatte an diesem Tag Geburtstag.

LITERATUR
Kerner, Charlotte: Lise, Atomphysikerin. Die Lebensgeschichte der Lise Meitner. Weinheim/Basel 1998⁹.
→ Marie Curie
→ Irène Joliot-Curie

Rigoberta Menchu

Rigoberta Menchu wurde am 9. Januar 1959 in Chimel (Guatemala) geboren. Ihre Kindheit war gezeichnet vom harten Leben der Campesinos, die auf ihrem enteigneten Land von den Großgrundbesitzern bis aufs Blut ausgebeutet werden. Als sie acht Jahre alt war, starb ihr kleiner Bruder an Unterernährung. 1979 trat Rigoberta dem von ihrem Vater mitgegründeten Comité de Unidad Campesino (CUC) bei. Jetzt erst lernte sie Spanisch, um besser in der Widerstandsbewegung arbeiten zu können. Im selben Jahr wurde einer ihrer Brüder nach grausamen Folterungen von den Militärs ermordet. Ein Jahr später wurde ihr Vater mit 38 anderen Indios anlässlich der Besetzung der spanischen Botschaft ermordet. 1981 ging Rigoberta ins Exil nach Mexiko. Sie nahm 1982 als erste guatemaltekische Indigena am ersten UN-Arbeitstreffen zu Indigena-Völkern teil. Sie gründete gemeinsam mit anderen die „Vereinigte Vertretung der guatemaltekischen Opposition". 1982 erschien ihr Buch „Rigoberta Menchu – Leben in Guatemala", das inzwischen in mehr als zehn Sprachen übersetzt wurde. Im Jahr 1992 erhielt sie schließlich auch noch den Friedensnobelpreis, den sie für eine Stiftung einsetzte, die den Indios zugute kommt. 1995 heiratete Rigoberta Menchu den Indio Angel Francisco Canil. Weiterhin arbeitet sie in vielen Komitees mit und setzt sich international für die Rechte ihres unterdrückten Volkes ein.

LITERATUR
Burgos, Elisabeth: Rigoberta Menchu – Leben in Guatemala. Göttingen 1984.
Reutter, Angelika/Rüffer, Anne: Friedensnobelpreisträgerinnen. Frauen mit Idealen. Bergisch-Gladbach 1996.

KONTAKTADRESSE
Rigoberta Menchu Tum
Premio Nobel de la Paz
Heriberto Frias 339
Col. Narwarte
03020 Mexico.D.F.
Mexico
Fax: (+52+5) 6 38-04 39
E-Mail: rmtpaz@laneta.igc.apc.org

Maria Sibylla Merian

Maria Sibylla Merian wurde am 2. April 1647 in Frankfurt am Main geboren und starb am 13. Januar 1717 in Amsterdam. Nach dem Tode ihres Vaters Matthäus Merian heiratete Maria Sibyllas Mutter zum zweiten Mal. Für Maria Sibylla Merian war diese Heirat ein Glücksfall. Der Stiefvater Jacob Morell – er war Maler von Stillleben und Blumen – erkannte schon früh das Talent von Maria Sibylla und so erhielt sie in seiner Werkstatt fünf Jahre Unterricht. Da Jacob Morell viel reiste, ließ er seine Tochter von dem Blumenmaler Abraham Mignon unterrichten.

Mit 13 Jahren begann Maria Sibylla Merian mit ihren naturwissenschaftlichen Beobachtungen, die ihr gesamtes Werk bestimmten: Sie zeichnete die verschiedenen Stadien der Entwicklung einer Seidenraupe und notierte dazu ihre Beobachtungen.

1665 heiratete sie den Architekturmaler Johann Andreas Graff und zog mit ihm in dessen Heimatstadt Nürnberg. Dort gründete sie eine Stick- und Malschule, die sie „Jungfern-Company" nannte. Außerdem führte sie einen Handel mit Farben und Tuchmalerei. Ihr Mann war dagegen wenig produktiv. Er hatte ihrer Selbstständigkeit, Schaffenskraft und Kreativität nichts entgegenzusetzen. 1682 trennte sich Maria Sibylla Merian von ihrem Mann und zog zunächst mit ihren Töchtern wieder nach Frankfurt und danach nach Holland. 1692 wurden sie geschieden. Maria Sibylla nahm wieder den Namen Merian an.

1675 veröffentlichte sie den ersten Teil ihres Blumenbuches und 1677 den zweiten Teil. Diese Vorlagen für Stickbilder belegen die Schärfe ihrer Beobachtung und die Genauigkeit der Darstellung. 1679 gab sie „Der Raupen wunderbare Verwandelung und sonderbare Blumennahrung" heraus. 1683 veröffentlichte sie „den anderen Theil" des Raupenbuches.

Das Raupenbuch zeichnet sich durch eine geglückte Verbindung wissenschaftlicher Beobachtung und künstlerischer Darstellung aus. Neu war die Beobachtung und Darstellung der vollständigen Metamorphose der Insekten vom Ei über Raupe, Puppe bis zum fertigen Insekt. Neu war auch die ökologische Zuordnung der Insekten zu ihrer jeweiligen Futterpflanze. Ihre Beobachtungsergebnisse wurden in die Linnésche Klassifikation aufgenommen.

Surinam, ihr Ziel in Südamerika, war eine holländische Kolonie. Maria Sibylla Merian war über die Behandlung der Sklaven in Surinam erschüttert. Die holländischen Siedler beschrieb sie als Ignoranten.

Da Maria Sibylla Merian an Malaria erkrankte, musste sie nach zwei Jahren wieder nach Amsterdam zurückkehren. Dort arbeitete sie drei Jahre an ihrem Buch über die Insekten von Surinam. 1705 veröffentlichte sie ihr Meisterwerk „Metamorphosis Insectorum Surinamensium" und damit eines der ersten naturwissenschaftlichen Bücher über die Tropen und ihren Regenwald.

Gründe für ihren damals unüblichen Erfolg waren u. a. ihre solide Ausbildung sowie ihre selbst erworbenen Lateinkenntnisse, die es ihr ermöglichten, ihre Forschungen auch in der Gelehrtensprache zu veröffentlichen und damit in Fachkreisen zur Kenntnis genommen zu werden.

LITERATUR
Kaiser, Helmut: Maria Sibylla Merian. Eine Biographie. München 1999.
Kerner, Charlotte: Seidenraupe, Dschungelblüte. Die Lebensgeschichte der Maria Sibylla Merian. Weinheim/Basel 1998.

Christina Moll

Christina Moll wurde am 29. November 1947 in Husum/Nordfriesland geboren. Als Katholikin lebte sie mit ihrer Familie in der so genannten Diaspora, einer evangelisch geprägten Gegend mit einer geringen Zahl katholischer Gläubiger. Nach neun

Jahren Volksschule ging sie zu den Franziskanerinnen nach Flensburg. Innerhalb dieser Kloster-Internatsschule bestand die Möglichkeit, sich als Krankenschwester ausbilden zu lassen. Es war eine besondere Auszeichnung, wenn man dort aufgenommen wurde, denn die Ausbildung kostete viel Geld. Da sie die Eignungsprüfung bestand, bekam sie eine Art Stipendium. Die Zeit als Krankenschwester war hart für sie, da sie fast ausschließlich auf der Siechenstation arbeitete. Anschließend ging sie zum Mutterhaus nach Aachen und ließ sich dort zur OP-Schwester ausbilden. Mit 26 Jahren war sie bereits leitende Assistentin eines medizinischen Untersuchungszentrums. Nebenher kümmerte sie sich um benachteiligte Familien. Später arbeitete sie für den Paritätischen Wohlfahrtsverband. Dort betreute sie mehrfachbehinderte Kinder. Nebenbei absolvierte sie ein Psychologie- und Lehramtsstudium und danach ging sie als Lehrerin an das Ökumenische Gymnasium in Bremen. Zusätzlich machte sie eine Ausbildung zur Psychotherapeutin.

1993 fuhr sie das erste Mal nach Lettland, um sich ein Bild von den dortigen Lebensbedingungen zu verschaffen. Was sie sah, war so bedrückend, dass sie den Entschluss fasste zu helfen. Besonders die beiden Waisenhäuser in Riga waren in einem desolaten Zustand.

Christina Moll schaffte es, mit Spendenaufrufen das notwendige Geld zusammenzubekommen, um grundlegende Mängel beseitigen zu lassen. Sie organisierte die Hilfe so, dass die Sanierungsarbeiten an den Häusern von den Arbeitern vor Ort übernommen werden konnten.

„Man muß im Land selbst versuchen, mit dem Geld etwas zu schaffen", sagt Christina Moll, „Die Hilfe stets von außen aufzustülpen, das ist der falsche Weg. Es gilt, die Eigeninitiative der Menschen zu fördern" (Weser Kurier 14.12.1997). Christina Molls Traum ist ein SOS-Kinderdorf in Lettland. Doch der Weg bis dahin ist weit. „Mittlerweile ist die Organisation der humanitären Hilfe zu einer ständigen, alltäglichen Einrichtung für mich geworden."

LITERATUR
Weser Kurier. Ausg. 14. 12. 1997: „Stetige Hilfe seit 1993"
Weser Kurier. Ausg. 20. 02. 1998: „Löcher im Boden statt Toiletten: Waisenkinder brauchen Hilfe"

KONTAKTADRESSE
Christina Moll
Querland Str. 30
28357 Bremen
Tel.: 04 21-27 34 44
→ Hermann Gmeiner

Maria Anna Mozart

Maria Anna Mozart wurde 1751 geboren und starb 1829 in Salzburg. Als Kind stand sie ebenbürtig neben ihrem Bruder Wolfgang Amadeus Mozart in den Konzertsälen. Nachdem die Kinder in die Pubertät gekommen waren, verfolgte der Vater unterschiedliche Ziele für die beiden. Wolfgang Amadeus Mozart sollte Komponist werden. Maria Anna (Nannerl) Mozart sollte heiraten und bis dahin als Klavierlehrerin Geld verdienen. Dies entsprach dem bürgerlichen Frauenideal der damaligen Zeit.

Maria Anna Mozart ordnete ihre Wünsche denen des Vaters unter. Nach dem Tode ihrer Mutter 1728 übernahm sie die Haushaltsführung und wurde die einzige Gesprächspartnerin des Vaters. Ihm fügte sie sich auch in Bezug auf die Wahl ihres Ehemannes. Ihr Vater war gegen die Heirat mit einem Hauptmann, da ihm dessen Einkünfte nicht ausreichend erschienen. Wolfgang Amadeus ermutigte seine Schwester zu dieser Heirat, Anna Maria gab aber schließlich dem Vater nach. Sie heiratete dann einen Witwer mit fünf Kindern. 1785 bekam sie ihr erstes eigenes Kind.

Nach dem Tode ihres Mannes 1798 zog sie wieder nach Salzburg zurück. Hier setzte sie sich für den zunehmenden Ruhm ihres bereits verstorbenen Bruders ein. Sie kümmerte sich darum, biografische Einzelheiten über ihren Bruder bekannt zu machen. Aus dieser Zeit stammen die „Mittheilungen der Schwester Mozart's".

Trotz ähnlicher Begabung erhielt Anna Maria Mozart nicht die Förderung wie ihr Bruder. Zudem passte sie sich ganz den patriarchalen Vorstellungen der damaligen Zeit an. Ihre große Musikalität konnte sie dadurch nicht weiter entwickeln.

LITERATUR
Rieger, Eva: Maria Anna Mozart. „Ich habe mich so verwundert, daß du so schön componieren kanst." In: Schwestern berühmter Männer. Hrsg. von Luise Pusch. Frankfurt/Main 1985.

Mary Read

Mary Reads Geburts- und Todesjahr sind nicht genauer datiert. Wir wissen nur, dass sie im letzten Jahrzehnt des ausgehenden 17. Jahrhunderts geboren wurde. Auch die näheren Umstände ihres Todes sind nicht bekannt. Es wird angenommen, dass sie im Gefängnis starb. Ihre Freundin Anne Bonny kam frei und wurde noch lange wegen Verschwörung gegen die Krone und wegen Befreiung von Sklaven auf Sklavenschiffen steckbrieflich gesucht.

Das englische Original, das bis heute die einzige authentische Schilderung der Abenteuer von Mary Read und Anne Bonny geblieben ist, stammt von dem „Robinson Crusoe"-Autor Daniel Defoe und wurde 1724 in London veröffentlicht.

Frauen spielten in der Geschichte der Piraterie eine bedeutende Rolle. Das Quellenmaterial für diese Behauptung besteht allerdings überwiegend aus Legenden oder aus einer Mischung von Mythos und Geschichte. Demnach waren Mary Read und Anne Bonny gefürchtete Piratinnen. Ihre Überfälle im karibischen Raum hielten im 18. Jahrhundert die internationale Handelsschifffahrt in Atem.

Frauen, die sich entschlossen als Mann zu leben, waren zur Zeit Mary Reads keine Seltenheit. Die Gründe für einen solchen Rollenwechsel lagen darin, dass im 18. Jahrhundert unverheiratete Frauen häufig nur so eine Möglichkeit sahen, über ihr Leben selbst zu bestimmen.

LITERATUR
Boehnke, Heiner/Hindemith, Bettina/Sarkowicz, Hans: Die großen Räuberinnen. Frankfurt/Main 1994, S. 212–224.
Klausmann, Ulrike/Meinzerin, Marion: Piratinnen. München 1992, S. 172–180.

Niki de Saint Phalle

Niki de Saint Phalle wird 1930 in Frankreich als Catherine Marie-Agnès Fal de Saint Phalle geboren. Direkt nach der Geburt gibt ihre Mutter sie und ihren etwas älteren Bruder für drei Jahre zu den Großeltern, da geschäftliche Schwierigkeiten ihr offenbar keine Zeit für ihre Kinder lassen. Diese Wunde des Verlassenseins von der Mutter wird ein Lebensthema für Niki. Später wächst sie in großbürgerlichen amerikanischen Verhältnissen auf. Sie fühlt sich bei der warmherzigen schwarzen Köchin am wohlsten und rebelliert schon als Kind gegen die ihr als Frau zugedachte Rolle. „Ja, ich würde den Männern das Feuer stehlen."[1]

Ihr Vater, der französische Bankier und Aristokrat André Falle de Saint Phalle, hat sie als Kind sexuell missbraucht. Niki selbst hat geschrieben, dass Vergewaltigung für ein kleines Mädchen soviel bedeutet wie Tod. Wenn sie später nicht Künstlerin geworden wäre, hätte sie ihr Leben in der Psychiatrie verbringen müssen. „Ich umarmte die Kunst als meine Erlösung und mein Schicksal."

19-jährig heiratet sie den Schriftsteller Harry Mathews. Sie bekommen zwei Kinder, machen viele Reisen. Letzten Endes aber treibt sie der Wunsch, mehr als Gattin und Sonntagsmalerin zu sein, in die Pariser Kunstszene. Die Kinder bleiben bei Harry.

Ihre Kunst ist eine intensive Selbsttherapie. Zu den Schießbildern sagt sie: „Ich schoß auf Daddy, auf alle Männer, auf die Gesellschaft, auf die Kirche, meine Familie, auf mich selbst."

Wut und Leid spiegeln sich viele Jahre in ihrer Kunst und auch eine scharfe Kritik an der Rolle der Frau in der Gesellschaft. In der Pariser Kunstszene lernt sie auch ihren späteren Lebens- und Arbeitspartner, den Schweizer Künstler Jean Tinguely, kennen.

Nachdem Niki ihre bunten, weltberühmten „Nanas" erschaffen hat (drei Nanas stehen am hannoverschen Leineufer), bauen sie gemeinsam die Riesennana für ein Museum in Stockholm. Eine Skandalfigur, die den Traum von der Rückkehr zur Urmutter verkörperte: 100.000 BesucherInnen stiegen durch ihre Vagina in ihr Leibesinnere und besuchten die Milchbar in ihrer rechten Brust, das Planetarium in ihrer linken …

Gemeinsam mit Jean Tinguely schuf sie auch den berühmten Strawinsky-Brunnen am Centre Pompidou in Paris.

Das Polyester, ihr Lieblingsmaterial, wird zu einem bedrohlichen Todfeind, indem es ihre Lungen anfrisst. Das hält sie jedoch genauso wenig auf wie ihre schmerzende Arthritis, die ihr zeitweilig jede Bewegung der Hände unmöglich macht. Sie hat etwas „Unersättliches, Workohöllisches" in ihrem Künstlerinsein.

Ihr bislang umfangreichstes Projekt hat sie 1979 begonnen: Den Tarot-Garten in Garavicchio (Toskana). Er besteht aus haushohen, teils bewohnbaren Skulpturen, die schon von ferne sichtbar weit über das natürliche Landschaftspanorama ragen. „Ich wollte einen Garten schaffen, der ein Dialog ist zwischen Skulptur und Natur, einen Ort zum Träumen." Sie hat zehn Jahre lang daran gearbeitet. Finanziert hat sie dieses Lebenswerk mit einem Parfum, das sie selbst mischte und unter ihrem Namen verkaufte.

1986 schuf sie das Buch „AIDS, you can't catch it holding hands" und gehörte so zu den ersten KünstlerInnenpersönlichkeiten, die sich für die Aufklärung über Aids und die Solidarität mit den Infizierten und Erkrankten eingesetzt haben.

In Jerusalem will sie eine Arche Noah bauen mit Giraffen und Elefanten in doppelter Größe – ein Riesenspaß für Kinder. Ihr Oeuvre umfasst heute unzählige Skulpturen auf der ganzen Welt.

ANMERKUNG
1) Die Zitate sind dem Ausstellungskatalog „Niki de Saint Phalle. Bilder, Figuren, Phantastische Gärten" von Carla Schulz-Hoffmann, München 1997 entnommen.

LITERATUR
Hulten, Pontus: Niki de Saint Phalle, Ausstellungskatalog Bonn 1992.
Schulz-Hoffmann, Carla (Hrsg.): Niki de Saint Phalle. Bilder, Figuren, Phantastische Gärten. Ausstellungskatalog München 1997.

Kino-Dokumentationsfilm von Peter Schamoni: Niki de Saint Phalle – Wer ist das Monster – du oder ich? (ca. 93 Min.), BMG VIDEO/ATLAS PICTURES GMBH & CO. München 1997.

Anna Seghers

Anna Seghers wurde am 19. November 1900 in Mainz geboren und starb am 1. Juni 1983 in Ost-Berlin. Sie entstammte einer wohlhabenden jüdischen Familie. Ihr bürgerlicher Name war Netty Reiling. Der Erste Weltkrieg mit seinen geistigen, sozialen und politischen Umwälzungen ließ sie als Jugendliche auf die Frage nach sozialer Gerechtigkeit aufmerksam werden. Sie war erschrocken darüber, dass andere wegen ihrer politischen Tätigkeit bestraft wurden.

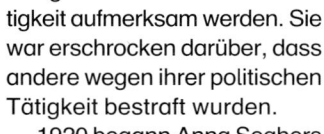

1920 begann Anna Seghers ihr Studium in den Hauptfächern Kunstgeschichte und Sinologie an der Universität Heidelberg und schloss es 1924 mit ihrer Promotion im Fach Kunstgeschichte ab. Während des Studiums lernte sie ihren Mann László Radványi kennen. Er war Ungar und Jude. Nach der Niederschlagung der Räterepublik in seiner Heimat war er nach Deutschland geflohen. Er war Mitglied der Kommunistischen Partei. Mit ihrer Heirat 1925 entschied sich Anna Seghers gegen eine bürgerlich gesicherte Zukunft. 1926 wurde ihr Sohn Peter geboren, 1928 ihre Tochter Ruth. Schon seit ihrer Kindheit hatte Anna Seghers geschrieben. 1924 veröffentlichte sie zum ersten Mal eine Erzählung unter dem Pseudonym Antje Seghers. Ab 1927 erschienen regelmäßig ihre Texte. 1928 erhielt sie die höchste literarische Ehrung der Weimarer Republik, den Kleistpreis. 1928 trat sie in die KPD ein. Nach Hitlers Machtübernahme wurden ihre Bücher verboten. Als Jüdin und engagierte Kommunistin floh sie 1933 vor den Nationalsozialisten nach Frankreich. 1940 ging sie mit ihrer Familie aus dem besetzten Paris zunächst in den unbesetzten Süden Frankreichs, von da über die USA nach Mexiko. Die Jahre des Exils wurden für sie zu einer sehr produktiven Zeit. Ihre wichtigsten Romane „Das siebte Kreuz" (1939) und „Transit" (1944) erschienen. In Mexiko wurde sie Mitherausgeberin der Zeitschrift „Das Freie Deutschland", die sich zu einem internationalen Organ für politische, kulturelle und literarische Themen entwickelte.

Nach dem Krieg fühlte sie sich mitverantwortlich für die Entwicklung in Deutschland und wollte die Menschen dort nicht im Stich lassen. Deshalb kam sie 1947 aus Mexiko zurück und zog nach Berlin. Sie glaubte an eine Bewusstseinsveränderung der einzelnen Menschen und damit an einen Neubeginn in einem Staat mit Frieden, Freiheit und sozialer Gerechtigkeit. Die Möglichkeit dazu sah sie in der DDR. Sie versuchte, als Mensch und als Schriftstellerin die DDR aktiv mitzugestalten. Nach ihrem Tod begann eine scharfe Diskussion um Anna Seghers' politisch ambivalente Haltung in der DDR. Es wurde ihr vorgeworfen, dass ihr der Mut zur Kritik gefehlt und sie dadurch das Regime von Ulbricht und Honecker legitimiert habe. Andere Stimmen hoben ihre private Vermittlertätigkeit zugunsten politisch Verfolgter hervor. Vermutlich sei das das einzige Mittel zur persönlichen Einflussnahme gewesen.

Ihre Lebensleistung ist in ihrer Erzählkunst zu finden. Anna Seghers experimentierte mit Erzähltechniken wie Montage, innerer Monolog und dokumentarischen Formen. Sie gilt als eine der größten deutschen ErzählerInnen dieses Jahrhunderts.

LITERATUR
Brandes, Ute: Anna Seghers. Köpfe des 20. Jahrhunderts. Berlin 1992.
Zehl Romero, Christiane: Anna Seghers. Reinbek bei Hamburg 1993.

Mary Sommerville

Mary Sommerville wurde 1780 in Jedburh in Roxbugshire (Großbritannien) geboren. Sie starb am 29. November 1872 in Neapel. 1812 heiratete sie ihren zweiten Mann, den Militärarzt William Sommerville, der ihr Interesse für Naturwissenschaft teilte. Als Mitglied der Royal Society konnte er für sie die Bibliothek benutzen und sie mit bedeutenden Wissenschaftlerinnen bekannt machen. Gemeinsam studierten sie Geologie und legten eine umfangreiche Mineraliensammlung an.

Mary Sommerville war in der Einschätzung der eigenen Leistungen dem Zeitgeist entsprechend viel zu bescheiden. So schrieb sie in einem Entwurf zu ihrer Autobiographie:
„Denn ich hatte zwar einige der ausgeklügeltsten und schwierigsten analytischen Prozesse und astronomische Entdeckungen in sehr klarer Form auf-

gezeichnet, aber ich war mir bewusst, nie selber eine Entdeckung gemacht, nie selber Originalität besessen zu haben. Ich besitze Ausdauer und Intelligenz, aber keinen Genius. Dieser himmlische Funke ist unserem Geschlecht nicht gegeben."

Mit diesen Äußerungen spiegelt Mary Sommerville die zu ihrer Zeit typische Haltung Wissenschaftlerinnen gegenüber wider, deren Aktivitäten auf das Studieren oder das Beschreiben von Entdeckungen ihrer männlichen Kollegen begrenzt wurden. Eigenständige Forschungen und Versuche von Wissenschaftlerinnen galten als unschicklich oder die weiblichen Fähigkeiten übersteigend und durften deshalb nicht ausgeführt werden. Da die wenigsten Frauen die Möglichkeit einer allgemeinen Ausbildung hatten, waren sie ohnehin für ihr Studium auf Väter, Brüder oder Ehemänner angewiesen. Das beinhaltete die Gefahr, dass ihre Werke ihren männlichen Kollegen zugeschrieben wurden.

1840 zogen die Sommervilles nach Italien, wo die Anerkennung gelehrter Frauen bereits eine langjährige Tradition hatte. 1848 kam Mary Sommervilles erfolgreichstes Buch, die „Physikalische Geographie" heraus, das sieben Auflagen erlebte. Mit 89 Jahren, drei Jahre vor ihrem Tod, veröffentlichte sie ihr letztes Buch „Über molekulare und mikroskopische Wissenschaften", eine Zusammenfassung des Wissens über Materie und die mikroskopische Struktur von Pflanzen und Tieren.

Als Mary Sommerville 1872 starb, wurde sie von der Zeitschrift „The London Post" als „Die Königin der Naturwissenschaft des 19. Jahrhunderts" bezeichnet.

LITERATUR
Alic, Margaret: Hypatias Töchter. Der verleugnete Anteil der Frauen an der Wissenschaft. Zürich 1991[2].
Strohmeier, Renate: Lexikon der Naturwissenschaftlerinnen und naturkundigen Frauen Europas. Frankfurt 1998.

Virginia Woolf

Virginia Woolf wurde als Adeline Virginia Stephen am 25. Januar 1882 in London als drittes von vier Kindern in zweiter Ehe geboren. In dem streng viktorianischen Haushalt gab es noch vier weitere Kinder aus den ersten Ehen der Eltern. Virginias Vater war ein großer Gelehrter, der reine Intellekt und typischer Patriarch, die Mutter eher philantropisch und einfühlsam. Virginias faszinierende Persönlichkeit beruhte auf der Kombination von beidem.

Sie und ihre Schwester wurden über acht Jahre hinweg von ihren Halbbrüdern sexuell missbraucht. Nach dem Tod ihrer Mutter entwickelte sich die herrschsüchtige Tyrannei ihres Vaters. Hierauf fußt ihre vehemente Ablehnung gegen jede Form von Fremdbestimmung und Herrschaft. Auch wurzelt in diesen Kindheitstraumata ihre psychische Erkrankung, die sich in Form von nervösen Zusammenbrüchen, Todessehnsucht, Wahnsinnsschüben, mehreren Selbsttötungsversuchen bis hin zum letztendlichen Selbstmord durch Ertränken durch ihr ganzes Leben zieht. „Selbst ihre Krankheitsphasen deutete sie als Versuche ihres Systems, ihrem Unbewußten Zeit für die Verarbeitung von Eindrücken zu geben. Wenn sie ihrem Tagebuch anvertraut, die schriftstellerische Arbeit sei ‚der einzige Weg mich über Wasser zu halten' (The Diary of Virginia Woolf, hrsg. von Anne O. Bell. London 1980, S. 235), so zeigt dies, von welch existenzieller Bedeutung ihr künstlerisches Schaffen für sie war" (Nünning 1991, S. 35).

Mit ihrem existenziellen künstlerischen Schreiben war Virginia Woolf eine zeitlebens sehr engagierte unbequeme Literatur- und Gesellschaftskritikerin. In Büchern, Zeitungen und Zeitschriften analysierte sie die Verinnerlichung des Musters von Herrschaft und Unterwerfung sowie die unterschiedlichen Ausprägungen von Gewalt in der Familie, der Erziehung, den Beziehungen zwischen den Geschlechtern und in der Politik. Durch ihr Gesamtwerk zieht sich das Bemühen, gegensätzliche Phänomene nicht isoliert, sondern in ihrem dynamischen Zusammenwirken zu verstehen (z. B. das Androgynitätsideal; die Forderung nach der Emanzipation beider Geschlechter; die Einsicht, dass zwischen dem Öffentlichen und dem Privaten eine permanente Wechselwirkung besteht). Sie veröffentlichte Schriften über die geistige Verwandtschaft von patriarchaler und faschistischer Unterdrückung. Frauen empfahl sie, patriarchalischen Ritualen und Machtdemonstrationen keinerlei Beachtung zu schenken. So lehnte sie selbst die zahlreichen Angebote für Ehrendoktorwürden und Literaturpreise ab. „Ich will kein Schönheitspflästerchen sein ..." (Nünning 1991, S. 133).

Der einzige öffentliche Verein, in dem sie jahrelang tätig war, war die „Women's Co-operative Guild". Dass ihr Schule und Studium versagt blieben, sensibilisierte sie früh für jegliche Form der Diskriminierung.

Virginia war der Überzeugung, dass Lesen den Menschen zur Selbstbestimmung anregen und zu einem mündigen Wesen machen kann.

Ihre Reformvorschläge basierten auf humanitärem Denken und einem ganzheitlichen Menschen- und Weltverständnis. So schlug sie z. B. vor, in Schulen „sollte die Kunst der menschlichen Beziehungen gelehrt werden; die Kunst, das Leben und Denken anderer Menschen zu verstehen" (Nünning 1991, S. 140).

Im Alter von 59 Jahren (am 28. März 1941) nahm sie sich das Leben. Sie hinterlässt ein Gesamtwerk von aktueller Brisanz.

LITERATUR
Bell, Quentin: Virginia Woolf. Eine Biographie. Frankfurt/Main 1977.
Nünning, Vera und Ansgar: Virginia Woolf zur Einführung. Hamburg 1991.
Reichert, Klaus (Hrsg.): Virginia Woolf – Gesammelte Werke. Frankfurt/Main 1993.

Leyla Zana

Leyla Zana wurde am 3. Mai 1961 in Baxça (Kurdistan) geboren. Mit vierzehn Jahren heiratete sie ihren Cousin Mehdi Zana. 1975 wurde ihr Sohn Ronay und 1981 ihre Tochter Ruken geboren. Ihr Mann wurde nach dem Militärputsch in der Türkei am 12. September 1980 verhaftet und zu insgesamt 32 Jahren Gefängnis verurteilt.

Nach der Verurteilung ihres Mannes war Leyla Zana gefordert, ihr Leben selbst in die Hand zu nehmen. Sie entstammt einer sehr traditionellen Familie und durfte zum Beispiel als Kind nur ein Jahr die Schule besuchen. Nun lernte sie Lesen und Schreiben, sie lernte Türkisch, um sich besser wehren zu können, und bestand schließlich nach dem Selbststudium das Abitur. Zugleich begann sie mit ihrer politischen Arbeit. 1988 wurde sie für zwei Monate inhaftiert und schwer gefoltert. Unter den gesundheitlichen Schäden leidet sie noch heute. Trotzdem verfolgte sie weiterhin ihre politischen Aufgaben. 1991 kandidierte sie für die Sozialdemokratische Volkspartei (SHP) und errang in ihrem Wahlkreis einen großen Wahlsieg. Am Tag ihrer Vereidigung trug sie ein Stirnband in den kurdischen Farben Grün-Rot-Gelb, das ihre Bindung zum kurdischen Volk symbolisierte. Zu ihrer Vereidigung sprach sie auf Kurdisch folgenden Satz: „Ich war gezwungen, die verlangten Formalitäten zu erfüllen. Ich kämpfe für das brüderliche Zusammenleben des kurdischen und türkischen Volkes unter demokratischen Bedingungen." Eine andere Version ihres Satzes lautet so: „Ich leiste diesen Eid auf Brüderlichkeit des türkischen und kurdischen Volkes." Die kurdische Übersetzung in der Fußnote im Kindertext bezieht sich auf den letzten Satz. Unter anderem war ihr kurdischer Satz bei ihrer Vereidigung der Grund dafür, sie 1994 zusammen mit sechs kurdischen Parlamentskollegen wegen Separatismus zu verhaften. Leyla Zana ist zu 15 Jahren Gefängnis verurteilt worden. Sie hat seitdem eine Reihe von Preisen erhalten, z. B. den norwegischen Menschenrechtspreis RAFTOS, den Aachener Friedenspreis, den Sacharow-Preis des Europaparlaments, und wurde außerdem für den Friedensnobelpreis vorgeschlagen. Mit ihrem Buch, „Briefe und Schriften aus dem Gefängnis", möchte sie Frauen zum Reden ermutigen: „Frei zu reden ist schon ein entscheidender Schritt auf dem Weg zur Freiheit."

LITERATUR
Hervé, Florence: Ein Tag für Leyla Zana. In: Wir Frauen. Das feministische Blatt 1996, Heft 4, S. 19–20.
Seufert, Günter: Leyla Zana – Eine Kurdin im Parlament. In: Metzger, Albrecht (Hrsg.): Zum Beispiel Kurden. Göttingen 1996.
Zana, Leyla: Briefe und Schriften aus dem Gefängnis. Eine Kurdin meldet sich zu Wort. Dötlingen 1997[2].
Zana, Mehdi: Hölle Nr. 5. Tagebuch aus einem türkischen Gefängnis. Hrsg. und bearb. von Gerd Schumann. Göttingen 1997.

KONTAKTADRESSE
Fraueninitiative „Freiheit für Leyla Zana"
c/o Wir Frauen
Rochusstr. 43
40479 Düsseldorf

HINTERGRUNDINFORMATION
Im riesigen Vielvölkerstaat des Osmanischen Reiches, in dessen Einfluss Kurdistan lag, existierten die kurdischen Fürstentümer relativ autonom.
Ab 1909 praktizierten die Jungtürken – eine politische Bewegung, die zu diesem Zeitpunkt die Macht im Osmanischen Reich an sich gerissen hatte – eine repressive Politik gegenüber den vielen nichttürkischen Völkern im Reich (zum Beispiel Albaner, Armenier, Kurden u. v. a.). So wurden beispielsweise kurdische Vereinigungen und Publikationen verboten.
1918 kapitulierte das Osmanische Reich, das im Ersten Weltkrieg ein Verbündeter Deutschlands war, vor den alliierten Siegermächten. Daraufhin wurde 1920 im Friedensschluss von Sèvres, diktiert von den Siegermächten Großbritannien und Frankreich, die Aufteilung des Osmanischen Reiches in britische und französische Mandatsgebiete beschlossen sowie die Schaffung eines kurdischen Staates auf einem Teil des kurdischen Gebietes empfohlen.
1923 wurde jedoch im Vertrag von Lausanne (geschlossen zwischen den Alliierten und der türkischen Regierung Kemal) der Vertrag von Sèvres wieder aufgehoben und die Annexion des größten Teiles von Kurdistan durch den neuen türkischen Staat von Großbritannien und Frankreich abgesegnet.
1924 verbot eine türkische Verordnung alle kurdischen Schulen, Vereine und Veröffentlichungen. Es erfolgten erste kurdische Aufstände gegen diese Politik.
Die Unterdrückungspolitik der türkischen Regierung gegen die Kurden wird bis heute fortgesetzt und provoziert den politischen und militärischen Widerstand der Kurden.

Thomas Beckmann

Thomas Beckmann wurde 1957 in Düsseldorf geboren. Beckmann stammt aus einer sehr musikalischen Familie. Mit zwölf Jahren hörte er zum ersten Mal ein Cello und von diesem Moment an hatte er nur ein Ziel: Er wollte die Menschen mit dem warmen Ton des Cellos verzaubern.

Beckmann erhielt Cellounterricht bei Jürgen Wolf und Rudolf von Tobel. Seit 1980 studierte er beim legendären Pierre Fournier, dessen umfangreiche Notenbibliothek der Lieblingsschüler nach seinem Tode erbte.

Um armen und obdachlosen Menschen zu helfen, wurde von ihm zu Beginn des Jahres 1996 die bundesweite Hilfsaktion „Gemeinsam gegen Kälte" gegründet. Vorausgegangen war eine dreijährige Hilfsaktion in seiner Heimatstadt Düsseldorf, bei der durch öffentliche Spendenaufrufe gesammelte Gelder verwandt wurden, um obdachlose Menschen mit Essen, Schlafsäcken und warmer Kleidung Soforthilfe gegen die eisige Winterkälte zukommen zu lassen.

Um der Spendenaktion eine gesellschaftliche Dimension zu geben und mit künstlerischen Mitteln das Thema der Obdachlosigkeit ins öffentliche Bewusstsein zu rücken, gibt Beckmann bundesweit Benefizkonzerte. Die Gewinne werden ohne jeden Abzug für die obdachlosen Menschen verwandt.

LITERATUR
Westdeutsche Allgemeine, Ausg. Duisburg, 24. 2. 97: „Der Sieger des Geistes über die Materie"
Neue Ruhr Zeitung, Ausg. Essen, 24. 2. 97: „Ein Konzert gegen die soziale Kälte"
Neue Ruhr Zeitung, Ausg. Duisburg, 25. 2. 97: „Cellist erzeugt warme Klänge gegen die Kälte"
Neue Ruhr Zeitung, Ausg. Moers, 31. 1. 97: „Ich kann doch nicht aus Angst nichts tun ..."

KONTAKTADRESSE
Gemeinsam Gegen Kälte Förderverein e. V.
Obdachlosenhilfeverein
Thomas Beckmann, Vorstand
Bilker Straße 15
40213 Düsseldorf
Tel.: 02 11-32 06 09 / 02 11-32 04 04
Fax: 02 11-32 04 82
→ Charles Spencer Chaplin

Karlheinz Böhm

Karlheinz Böhm war einer der berühmtesten deutschen Schauspieler der Nachkriegszeit, bekannt vor allem durch seine Rolle als junger Kaiser Franz-Josef an der Seite von Romy Schneider in den Sissi-Filmen. Er zog sich die Antipathie vieler deutscher Film- und FernsehzuschauerInnen zu, als er in dem 1959 entstandenen Film „Augen der Angst" einen psychopathischen Mörder spielte. Das führte zu einem Bruch in seiner Karriere. Danach lernte er bei Dreharbeiten den Regisseur Rainer Werner Fassbinder kennen. Durch die mit Fassbinder gedrehten Filme änderte sich Böhms Leben und sein Image des netten jungen Mannes.

Durch die Gründung der Stiftung „Menschen für Menschen" 1981 in Äthiopien schuf Böhm sich eine neue Lebensaufgabe, der er heute über 70-jährig immer noch nachgeht.

Die Institution „Menschen für Menschen" zeichnet sich in der Entwicklungshilfe insbesondere dadurch aus, dass Böhm von Anfang an darauf gedrungen hat, vor allem Einheimische für seine Projekte zu gewinnen, so dass heute von vielen Hundert in der Entwicklungshilfe Beschäftigten nur eine Hand voll deutscher Nationalität sind. Die Projekte zielen auf Selbstversorgung und gute Ausbildungsmöglichkeiten für die äthiopischen Männer und Frauen ab. Es wird darauf geachtet, dass besonders auch Frauen in sämtlichen Berufen ausgebildet werden, und sie so z. B. in Metall verarbeitenden Betrieben Anstellungen finden können.

Die Gründung entsprechender Ausbildungsinstitute für die Ausbildung zu FacharbeiterInnen hat wirtschaftlich für Äthiopien inzwischen eine große Bedeutung erlangt und die dort ausgebildeten Menschen haben nach ihrem Abschluss garantiert einen Arbeitsplatz. Die äthiopischen Unternehmen wenden sich an die Ausbildungsinstitute, um qualifizierte Fachkräfte anstellen zu können, da es im Lande an gut ausgebildetem Personal fehlt. Die besondere Unterstützung der äthiopischen Frauen zeigt sich beispielsweise in Projekten, wie: Mühlen für Frauen, geleitet von Frauen; Bau von Brunnen, da traditionsgemäß Frauen für die Wasserbeschaffung zuständig sind und oft dafür weite Entfernungen zurücklegen müssen; Umschulung der Beschneiderinnen zu Hebammen, damit jene nicht weiterhin die Beschneidung aus ökonomischen Gründen – Angst, ins Elend gestürzt zu werden – propagieren; Bau von Hostels (Internate) speziell für Mädchen, da diese aufgrund der langen Schulwege, bei denen sie vielen Gefahren ausgesetzt wären, nicht in die Schule geschickt werden.

Karlheinz Böhm hat im Laufe der Jahre die gegründeten und erbauten Schulen, Krankenhäuser, Brunnen usw. den Äthiopiern übergeben, nachdem diese in der Lage waren, ihre Aufgaben ohne fremde Hilfe fortzuführen. Dabei sind die Projekte nicht als Hilfe zur Selbsthilfe gemeint, sondern Hilfe zur Selbstentwicklung, was die Selbstbestimmung über den eigenen Weg des Landes mit einschließt.

LITERATUR
Befragung von Karlheinz Böhm
Interview von Radio Bremen 2 in der Schauburg in Bremen am 5. Dezember 1998
Tischgespräch beim WDR 5 im Mai 1999
→ Waris Dirie

Charles Spencer Chaplin

Charles Spencer Chaplin wurde am 16. April 1889 in London geboren. Er starb am 25. Dezember 1977 in der Schweiz. Mit 17 Jahren trat Charlie Chaplin der reisenden Theatergruppe von Fred Karno bei, mit der er Tourneen nach Paris und Amerika unternahm. Er begann seine Filmlaufbahn 1913 als Schauspieler bei der Keystone-Company. Innerhalb eines Jahres wurde er bereits ein bekannter Schauspieler und arbeitete sich gleichzeitig zum Regisseur hoch. 1919 war er Mitbegründer der Produktionsgesellschaft „United Artists". Chaplin vollzog den Übergang zum Tonfilm. Sein Lebenswerk ist mit über 80 Filmen sehr umfangreich. Bekannte Filme sind u. a.: „Goldrausch", „Moderne Zeiten", „Der große Diktator".

Private Affären, politischer Nonkonformismus und gesellschaftskritische Filmthemen führten zu massiven Anfeindungen, die schließlich Anfang der 50er-Jahre Chaplins Ausweisung aus den USA bewirkten. Seit 1952 lebte Chaplin mit seiner Familie am Genfer See. Mit der Verleihung des Ehren-Oscars 1972 schlossen die USA wieder Frieden mit Chaplin.

Der Bruch in Chaplins Leben, das heißt die extremen Verhältnisse, denen er während seiner gesamten Kindheit ausgesetzt war und die darauf folgende Märchenkarriere zum Filmmillionär sowie die Tatsache, dass er viermal mit wesentlich jüngeren Frauen verheiratet war, animierte viele AutorInnen zu (psycho-)analytischen Deutungen, wodurch sehr unterschiedliche Bilder von Charlie Chaplin konstruiert wurden.

In der Rolle als Tramp und Antiheld („Ein Gentleman, ein Dichter, ein Träumer ...") verkörpert Chaplin seine spezielle, ermunternde Botschaft (z. B. „Niemals bücken! Niemals aufgeben!" und frei nach Aristoteles: „Ein Tag ohne Lächeln ist ein verlorener Tag").

LITERATUR
Chaplin, Charles: Die Geschichte meines Lebens. Reutlingen 1980.
Röber-Siekmeyer, Christa: Kinder schreiben für Kinder. In: Die Grundschulzeitschrift, H. 48/1991, S. 12/13.
Steenfatt, Margret: Charlie, der Clown. Hamburg 1983 (1996).
Tichy, Wolfram: Chaplin. Hamburg ^{7}1995.

Die Musik von Chaplin wurde von Thomas Beckmann wiederentdeckt und für Klavier und Cello neu arrangiert. Sie ist als Doppel-CD bei Jaro Medien GmbH, Bremen sowie in 6-bändiger Notenausgabe im Verlag Künzelmann erhältlich (GM 1250 a-f).

Tenzin Gyatso, XIV. Dalai Lama

Tenzin Gyatso wurde am 6. Juli 1935 im Dorf Takster in Nordtibet unter dem Namen Dhamo Dhondrub geboren. Zwei Jahre zuvor war der XIII. Dalai Lama gestorben. Entsprechend der tibetischen Tradition hatte man eine Abordnung aus Mönchen und Regierungsbeamten ausgesandt, um die neue Inkarnation des Dalai Lama zu finden. Nach Prüfungen, die dem traditionellen System zur Auffindung von Reinkarnationen folgen, wurde der Knabe als Dalai Lama erkannt. Der Fünfjährige wurde in Tibets Hauptstadt Lhasa ins Kloster gebracht und erhielt den Namen Tenzin Gyatso. Er wurde nicht nur in Metaphysik, Religionsphilosophie, Medizin, Sanskrit und Dialektik, sondern auch in Drama, Tanz und Musik, Künsten und Handwerk, Astrologie, Poesie und Komposition ausgebildet. Zum Abschluss seines Studiums erwarb er den Geshe-Titel, eine Art theologisch-philosophischer Doktorgrad.

China sah Tibet seit Jahrhunderten als tributpflichtig an. Diese Tradition wurde von der Volksrepublik China sofort übernommen und so marschierte die chinesische Volksbefreiungsarmee 1950 in Osttibet ein. Als erste Gegenmaßnahme wurde dem 15-jährigen Dalai Lama die volle Staatsgewalt übertragen. Trotz eines von ihm ausgehandelten Vertrages, in dem den Tibetern zugesagt worden war, dass sie unter der Oberhoheit maoistischer Truppen kulturell-religiös relativ autonom leben könnten, besetzten die Chinesen 1951 Lhasa, welches auch religiöses Zentrum Tibets ist. Sie begannen die Tibeter in ihrer kulturellen und religiösen Freiheit zu beschränken. Jahrelang versuchte der Dalai Lama mit Mao zu verhandeln und gleichzeitig die unterdrückten Tibeter von Gegengewalt abzuhalten, aber 1959 kam es schließlich doch zu einem Aufstand der Tibeter.

Der Dalai Lama floh nach Indien, wo er heute noch mit ca. 100.000 tibetischen Flüchtlingen im Exil leben darf und einer Exilregierung vorsteht. Danach erreichte die Zerstörung in Tibet, die sich vor allem gegen den Buddhismus richtete, einen ersten Höhepunkt. Nach offiziellen chinesischen Angaben waren zu Beginn der 80er-Jahre von 6000 Klöstern und Tempeln lediglich 13 übrig geblieben, von zuvor 500.000 Nonnen und Mönchen lebten nur noch wenige hundert.

Der Dalai Lama tritt auf internationalen Reisen für eine friedliche Lösung des Konflikts mit China ein und verlangt möglichst große Selbstbestimmung des tibetischen Volkes, um den Erhalt oder Wiederaufbau tibetischer Identität in spiritueller, kultureller und politischer Hinsicht zu gewährleisten. Von der anfänglichen Forderung, Tibets Autonomie vollkommen wiederherzustellen, ist er mittlerweile abgerückt. Seine persönliche Ausstrahlung hat bewirkt, dass er international als religiöse und moralische Autorität akzeptiert wird. Er setzt sich nicht nur für den Dialog zwischen den Religionen und deren Zusammenarbeit für den Frieden der Welt ein, sondern auch für den Dialog zwischen moderner Naturwissenschaft und den östlichen Religionen. Er ist mit zahlreichen Ehrendoktorwürden europäischer, indischer und amerikanischer Universitäten sowie mit anderen Auszeichnungen geehrt worden. Für seine jahrelangen friedlichen Bemühungen um die Autonomie Tibets wurde er 1989 mit dem Friedensnobelpreis ausgezeichnet.

LITERATUR
Bolen, Jean Shinoda u. a.: Im Einklang mit der Welt. Der Friedensnobelpreisträger im Gespräch. Bergisch Gladbach 1993.
Der XIV. Dalai Lama: Logik der Liebe. Aus den Lehren des Tibetischen Buddhismus für den Westen. München 1986.
Meiser, Hans Christian (Textauswahl): Der Dalai Lama – Die Weisheit des Herzens. München 1987.
Rowell, Galen: Der Dalai Lama – Mein Tibet: Frankfurt/Main 1992.

KONTAKTADRESSE
www.tibetfocus.com/dalailama/indes.htm
Es gibt eine Tibet-Initiative in Deutschland, an die man sich bei weiterem Interesse wenden kann:
Tibet-Initiative Deutschland e. V.
Bullmannaue 11
45327 Essen
Tel.: 02 01-8 30 38 21
Fax: 02 01-8 30 38 22

Henry Dunant

Jean Henri Dunant wurde am 8. Mai 1828 in Genf geboren und starb am 30. Oktober 1910 in Heiden (Schweiz). 1862 veröffentlichte Dunant sein Buch „Eine Erinnerung an Solferino", das er unter dem Eindruck der Schlacht von Solferino (1859) geschrieben hatte. Durch dieses Buch und durch Dunants großes Engagement kam es zur Gründung des Roten Kreuzes und zur Genfer Konvention. Sein Einsatz für den Frieden und für die Humanität in der Welt wurde 1901 mit dem Friedensnobelpreis belohnt, den er zusammen mit Frédèric Passy, dem Gründer der ersten Friedensliga, erhielt.

Dunant glaubte, dass nur etwas gegen Krieg und Gewalt getan werden könne, wenn sich Frauen in der Gesellschaft mehr Gehör verschafften. So könnten Einfühlung, Nächstenliebe und friedliche Konfliktlösung mehr Gewicht erhalten und die männliche Gewalttätigkeit, die Gleichgültigkeit und den Eigennutz ersetzen. Einsichtige Männer würden sich diesen Gedanken ebenso öffnen. Dunant forderte deshalb die Gleichberechtigung der Frauen und plante eine internationale Frauenallianz zum Wohle der gesamten Menschheit. Die Frauenorganisation „Grünes Kreuz" war dann allerdings während ihrer kurzen Bestehenszeit mehr an konkreten Nahzielen orientiert wie Stellenvermittlung, Gründung eines Frauenheims oder die unentgeltliche ärztliche und juristische Beratung. Dunant versuchte schließlich, sein Frauenanliegen innerhalb der Friedensbewegung zu verwirklichen.

Dunants Persönlichkeit war durch vielfältige Eigenschaften bestimmt. Er galt als ruheloser Weltverbesserer, der in seiner Zeit ungewöhnliche Ideen zu vertreten verstand. So wollte er eine Internationale Universalbibliothek gründen, die die wichtigste Literatur aller Länder umfassen und die in den wichtigsten Sprachen veröffentlicht werden sollte. Dunant erhoffte sich dadurch den Abbau von Vorurteilen sowie die Entwicklung von Frieden und Freundschaft zwischen den Völkern.

Als junger Bankangestellter wurde er nach Algerien geschickt, um dort die Besiedelung durch Schweizer zu organisieren. Dunant warf seinen Vorgesetzten Habgier und Gewissenlosigkeit vor, denn die Besiedelung wurde nicht gut unterstützt. Viele Siedler starben an Epidemien. Dunant machte sich deshalb selbstständig, er baute Windmühlen und erwarb Marmorbrüche. Die Darlehen dafür erhielt er von Genfer Geldgebern. Als Geschäftsmann war er jedoch unerfahren, deshalb scheiterte er mit seinen Projekten in Algerien. Vor seinen Gläubigern floh er 1867 nach Paris und lebte unter ärmlichsten Bedingungen. 20 Jahre später kehrte er in die Schweiz zurück. Er war von vielen Menschen enttäuscht, und zugleich schämte er sich seiner Schulden. Am Ende seines Lebens war er ein zurückgezogener, misstrauischer Einsiedler.

LITERATUR
Dunant, J. Henry: Eine Erinnerung an Solferino. Zürich 1942.
Hasler, Eveline: Der Zeitreisende. Die Vision des Henry Dunant. Zürich 1994.
Heudtlass, Willy: J. Henry Dunant. Gründer des Roten Kreuzes, Urheber der Genfer Konvention. Stuttgart 1962.

Heinz Erven

Heinz Erven wurde am 25. Januar 1900 in Brühl bei Köln geboren. Er war ein Pionier auf dem Gebiet des naturgemäßen Anbaus von Obst und Gemüse. Bei Remagen am Rhein bewirtschaftete er ein 6,5 Hektar großes Gelände, das „PARADIES".

Seit 1948 hat er ohne jeden Einsatz von salzhaltigen Düngemitteln und ohne Herbizide, Insektizide oder Fungizide gearbeitet. Über seine Arbeit hat er zahlreiche Vorträge im In- und Ausland gehalten.

Im Juni 1993 starb Heinz Erven an den Folgen eines Verkehrsunfalles.

Ursula Venator, die seit 1973 mit ihm zusammengearbeitet hat, übernahm den Betrieb und führt ihn in seinem Sinne weiter.

LITERATUR
Heinz Erven: Mein Paradies. Köln 1981.

Hermann Gmeiner

Hermann Gmeiner wurde am 23. Juni 1919 in Alberschwende (Vorarlberg) geboren und starb am 26. April 1986 in Innsbruck. Gmeiner gründete im Jahre 1949 das erste von etwa 250 SOS-Kinderdörfern.

Prinzipien seines Konzeptes sind selbstständige „Familien" von fünf bis acht Kindern verschiedener Altersstufen, die von einer Frau als „Mutter" betreut werden. Für mehrere Familien gibt es einen männlichen Ansprechpartner. Aus Gründen der schwierigen Verwirklichung entschied sich Gmeiner gegen Ehepaare als Kinderdorfeltern. Die Kinder gehen in öffentliche Schulen.

Neben den Kinderdörfern gründete Gmeiner SOS-Jugendhäuser, SOS-Mütterhäuser und andere soziale Einrichtungen.

LITERATUR
Reinprecht, Hansheinz: Hermann Gmeiner. Der Vater der SOS-Kinderdörfer. Wien u. a. O. 1979.
Reinprecht, Hansheinz: Abenteuer Nächstenliebe. Die Geschichte Hermann Gmeiners und der SOS-Kinderdörfer. Wien 1984.
Internet: www.sos-kinderdorf.de
www.sos-kd.org/news
[SOS-Kinderdorf International]
→ Christina Moll

Walter Herrmann

Walter Herrmann wurde 1939 in Franken geboren. Nach seinem Lehramtsstudium zog er von Würzburg nach Köln. Hier begann er an der Universität ein Aufbaustudium, später wechselte er zur Fachhochschule für Kunst und Design. Unterstützung in seinem Engagement für obdachlose Jugendliche fand Walter Herrmann bei Heinrich Böll, der einen Teil seines Nobelpreises für den Kauf eines Hauses zur Verfügung stellte.

1988 wurde Walter Herrmann aus seiner Wohnung zwangsgeräumt. Er hatte wegen des Kneipenlärms aus dem Nachbarhaus seine Miete gemindert. Das Angebot der Stadt – einen Platz im Männerwohnheim – lehnte er ab.

Aufgrund seiner Obdachlosigkeit begann Herrmann 1989 die Karton-Installation „Klagemauer zur Wohnungsnot". Seit dem Golfkrieg ist die Klagemauer zu einem Aufruf für den Frieden in der Welt geworden. Die Klagemauer ist auch ein Symbol für eine Politik von unten. Sie macht denen Mut, die hoffen, dass die Ausgrenzung einmal ein Ende haben wird.

Auf Betreiben des Domkapitels und verschiedener anderer Interessengruppen, u. a. des Kölner Haus- und Grundbesitzervereins, wurde im Herbst 1996 die Klagemauer von der Polizei entfernt. Heute befindet sich die Klagemauer nicht mehr in ihrer ursprünglichen fest installierten Form auf der Kölner Domplatte. Es gibt aber wöchentliche Aktionen für den Fortbestand der Klagemauer.

1998 erhielten Walter Herrmann und andere Mitglieder der Initiative Kölner Klagemauer für Frieden und Völkerverständigung den Aachener Friedenspreis.

LITERATUR
Heinrich-Böll-Stiftung (Hrsg.): Die Kölner Klagemauer für Frieden und Völkerverständigung. Bad Honnef 1997.
Internet: www.comlink.apc.org/aachener-friedenspreis/preisträger.htm#oben
→ Klaus von Wrochem

Walter Homberg

Der Text beruht auf persönlichen Informationen. Er entstand nach einem Interview mit W. Homberg.

In die Sammlung ungewöhnlicher Männer wurde W. Homberg deswegen aufgenommen, weil die vollverantwortliche Sorge und Fürsorge für ein Kind in unserer Gesellschaft für Männer immer noch eine „ungewöhnliche Tugend" darstellt.

Der Name ist ein Pseudonym, da der betreffende Mann nicht als individuelle Person in das Lexikon aufgenommen werden wollte, sondern als Stellvertreter für ein mögliches alternatives Männerbild. Aus diesem Grunde steht auch die Abbildung nur als symbolischer Platzhalter.

Earvin Johnson

Earvin Johnson wurde am 14. August 1959 in der Kleinstadt Lansing, Michigan, in den USA geboren. Nach seiner Rücktrittserklärung als Basketballprofi im November 1991, die er mit seiner HIV-Infektion begründete, spielt er bis heute bei den jährlichen Freundschaftsspielen, wenn es um die besten Spieler der Liga geht.

Seine Karriere-Highlights waren:
- 25-Millionen-Dollar-Vertrag mit den Lakers (auf 25 Jahre)
- fünffacher National-Basketball-Association-Meister mit den Los Angeles Lakers
- 1992: Olympiasieg mit dem Dream-Team in Barcelona

Er finanziert sich und seine Aids-Stiftung durch mehrere eigene Unternehmen in den USA: Ein Zwölf-Kino-Komplex in Los Angeles, ein Einkaufszentrum in Las Vegas sowie ein Multi-Kino-Komplex in Atlanta. Seit dem Jahre 1991 soll er mehr als acht Millionen Dollar für die Magic Johnson-Stiftung zur Aids-Bekämpfung zusammengetragen haben.

Earvin Johnson hat inzwischen zwei Kinder: Sohn Earvin Johnson III., geboren 1992 und Tochter Elisa, geboren 1996.

LITERATUR
Carlson, Mike/Plassmann, Jens: NBA Basketball – Stars und Stories. Hamburg 1994.
Earvin „Magic" Johnson/Novak, William: Mein Leben – Die Autobiographie des Dream-Team-Stars. München 1993.
Videos: „Put magic in your game" (47 Min., in denen E. Johnson Kindern Anleitung fürs Basketballspiel sowie Tipps fürs Leben gibt. Dieser Film ist als mediale Ergänzung im Unterricht sehr zu empfehlen.) „Always showtime" (64 Min.)
Internet: www.magicjohnson.org

Carl Wilhelm Kaisen

Carl Wilhelm Kaisen wurde am 22. Mai 1887 in Hamburg geboren und starb am 19. Dezember 1979 in Bremen. Kaisen wurde 1911 zum Distriktführer des Sozialdemokratischen Vereins in Fuhlsbüttel gewählt. Auf Grund des Vorschlages der Hamburger Landesorganisation der SPD besuchte er die Parteischule in Berlin. Seine LehrerInnen waren u. a. Rosa Luxemburg und Franz Mehring. Auf der Parteischule lernte er auch seine Frau Helene Franzisca Schweida kennen. In der Weimarer Zeit gehörte sie mit Anna Stiegler zu den führenden Persönlichkeiten der Sozialdemokratischen Frauenbewegung in Bremen.

Kaisen betätigte sich 1919 beim Aufbau des Arbeitsamtes in Hamburg. Danach siedelte er nach Bremen um. 1920 wurde er als Vertreter der Mehrheitssozialisten in die Bremer Bürgschaft gewählt. 1928 erfolgte die Wahl in den Senat und die Übernahme des Wohlfahrtsressorts, 1930 die Nominierung als Spitzenkandidat der SPD Bremen-Stadt für die Bürgerschaftswahl.

1933 trat er auf Grund der Machtübernahme Hitlers aus dem Senat aus.

1933–1945 lebte er nach mehrfacher „Schutzhaft" zurückgezogen in Bremen-Borgfeld, wo er gemeinsam mit seiner Familie eine Siedlerstelle übernahm.

1945 kehrte er in den Senat zurück und war bis 1965 Senatspräsident und Bürgermeister von Bremen.

Wilhelm Kaisen glaubte an eine unbesiegbare und unzerstörbare Kraft des Lebens. Mit jenem Glauben, der seine Wurzeln hatte im Vertrauen auf die eigenen Fähigkeiten, vermittelte er den Menschen – inmitten von Hunger und Trümmern – Hoffnung und Zuversicht und engagierte sich unablässig für den moralischen, politischen und materiellen Wiederaufbau des Landes.

Auf dem Borgfelder Grundstück, wo Kaisen lebte, wurde am 1. Oktober 1997 das Kaisen-Stift eröffnet. Ins Leben gerufen wurde es von seiner Tochter Ilse Kaisen. Behinderte Kinder finden dort ein liebevolles, betreutes Zuhause. Geplant ist die Einrichtung einer „Museumsscheune" auf dem Grundstück – die den Bürgermeister, Senator und Abgeordneten als Staatsmann und Mensch würdigen soll.

LITERATUR
Kaisen, Wilhelm: Meine Arbeit, mein Leben. München 1967.
Kaisen, Wilhelm: Zuversicht und Beständigkeit. Bremen 1977.
→ Rosa Luxemburg

Andreas Kammerbauer

Andreas Kammerbauer, geboren 1961, hat seine Biografie auf unsere Bitte hin selbst verfasst.

Nach den Schreibkonferenzen der Lexikon-Arbeitsgruppe wurde sein Text nur geringfügig geändert.

Aufmerksam auf Andreas Kammerbauer wurden wir durch den Artikel „Zwischenrufe stören ihn nicht" im Weser Kurier vom 11. Oktober 97.

KONTAKTADRESSE
Andreas Kammerbauer
Hinter der Hochstätte 2a
65239 Hochheim/Main
Tel.: 0 61 46-83 55 37

Janusz Korczak

Janusz Korczak wurde als Henryk Goldszmit am 22. Juli 1878 in Warschau geboren. Mit 20 Jahren begann er, Medizin zu studieren und ein Jahr später veröffentlichte er seine erste literarische Arbeit unter dem Pseudonym Janusz Korczak. Bis zum Ende seines Studiums und bis zur Aufnahme seiner ärztlichen Tätigkeit im Jahre 1904 verfasste er Kurzgeschichten, Satiren und bis 1906 zwei Romane. Anschließend diente er zwei Jahre lang als Armeearzt im Russisch-Japanischen Krieg. In den darauf folgenden Jahren arbeitete er in einer Kinderklinik und betätigte sich nebenbei als pädagogischer Betreuer in Sommerkolonien. 1911 gab er seine gesicherte Position auf und übernahm die Leitung zweier Waisenhäuser. Doch bereits drei Jahre später brach der Erste Weltkrieg aus und Korczak wurde wieder eingezogen.

In dieser Zeit arbeitete er an „Wie man ein Kind lieben soll" und „Gertrud". Unter anderem wegen der Fülle seiner Erfahrungen mit Gewalt und stumpfsinniger Autorität führte er in den Waisenhäusern die „Parlamentarische Selbstverwaltung" für Kinder und ErzieherInnen ein. Seine Devise lautete: „Kinder werden nicht erst zu Menschen (erzogen), sie sind schon Menschen." Disziplin ergab sich für Korczak dadurch, dass jedes Kind eine angemessene Aufgabe im Heim übernahm und ein „Kindergericht" entstand, welches zur Lösung von Konflikten herangezogen wurde. 1926 wurde die erste öffentliche Kinderzeitung „Die kleine Rundschau" von Kindern für Kinder herausgegeben.

Die Besetzung Polens im September 1939 durch die Deutschen veranlasste Korczak dazu, einen Aufruf zu verfassen, in dem er um Hilfe und Spenden für die Kinder seiner Waisenhäuser bat. Im darauf folgenden Jahr wurden die Kinder in das Warschauer Ghetto gesperrt. Am 5. 8. 1942 stand er vor der Entscheidung, in Warschau zu verbleiben oder die Kinder, deren Transport in das Konzentrationslager Treblinka bevorstand, zu begleiten und gemeinsam mit ihnen zu sterben. Er entschied sich für den Tod. Er starb vermutlich am 5. oder 6. August desselben Jahres.

LITERATUR
Korczak, Janusz: Von der Grammatik und andere pädagogische Texte. Friedhelm Beiner/Elisabeth Lax-Höfer (Hrsg.). Heinsberg 1991.
Korczak, Janusz: Das Recht des Kindes auf Achtung. Elisabeth v. Heimpel/Hans Roos (Hrsg.). Göttingen 1970.

Nelson Rolihlahla Mandela

Nelson Rolihlahla Mandela wurde am 18. Juli 1918 in Mvezo, einem kleinen Dorf in der Nähe von Umtata, der Hauptstadt der südafrikanischen Provinz Transkei, geboren. Seine Kindheit und frühe Jugend wurden geprägt von dem traditionellen Leben in der fruchtbaren Natur und seiner Zugehörigkeit zum Thembu-Königshaus. Die Thembu sind ein Teil des Xhosa-Volkes. In seiner Autobiografie beschreibt er, wie grundlegend die Erfahrungen am Hof des Regenten seinen späteren Führungsstil beeinflusst haben: In den Stammesversammlungen, denen er als jugendlicher Zuhörer beiwohnte, wurden die Meinungen aller (Männer) gehört und ohne Konsens wurden die Zusammenkünfte nicht beendet.

Mandela trat Anfang der 40er-Jahre dem ANC (Afrikanischer Nationalkongress, gegr. 1912) bei, der schwarzen, aber multirassisch eingestellten Organisation, die dem Apartheidregime gewaltfreien Widerstand leistete.

Die Erfolglosigkeit des gewaltfreien Kampfes und die immer brutaler werdende Unterdrückung führte den ANC mit Mandela als treibender Kraft doch zum bewaffneten Widerstand. Che Guevaras Werk „Guerilakrieg" und die Revolution in Kuba und Algerien waren eine zusätzliche Motivation für Mandela und andere Mitglieder des ANC, zu den Waffen zu greifen. Deshalb stimmte das „Nationale Exekutivkommitee" des ANC einem Kompromiss zu: Zwar würde der ANC sich weiterhin der Gewaltlosigkeit verschreiben, denjenigen Mitgliedern, die eine gesonderte Militärorganisation gründen wollten, aber nicht im Weg stehen und eine „angemessen kontrollierte Gewalt" billigen.

Im November 1961 wurde der militärische Arm des ANC gegründet, genannt Umkhonto we sizwe – „Speer der Nation". Mandela wurde Vorsitzender des Oberkommandos. Der MK, wie Umkhonto we sizwe auch genannt wurde, war im Wesentlichen eine gemeinsame Einrichtung des ANC und der Kommunistischen Partei – mit Zugriff auf alle Geldmittel der KP und deren internationale Verbindungen. Neun Monate nach der Gründung, im August 1962, wurde Mandela verhaftet; im Jahr darauf wurden auch fast alle anderen ANC-Führer verhaftet. Der Widerstand war zunächst zerschlagen. Erst mit der „Black Consciousness"-Bewegung in den 70er-Jahren flammten die Proteste wieder auf, eine neue Generation war herangewachsen.

1985 kam das erste von mehreren Angeboten der Regierung an Mandela, ihn unter bestimmten Bedingungen freizulassen. Mandela lehnte ab, bis er schließlich am 11. Februar 1990 bedingungslos freigelassen wurde.

Für seine jahrelangen intensiven Bemühungen, die Apartheid zu beenden und einen versöhnlichen und demokratischen Weg von Schwarzen und Weißen zu ebnen, bekam er zusammen mit dem damaligen weißen Präsidenten de Klerk 1993 den Friedensnobelpreis verliehen.

Südafrika hat heute noch mit großen Schwierigkeiten zu kämpfen, die ein Erbe des Apartheidregimes sind: Das Land muss einen Milliarden-Dollar-Schuldenberg der Apartheid-Regierung zurückzahlen und kann kaum in den Neuaufbau investieren, z. B. im Sozial- und Bildungswesen.

Mandela bereitete von Anbeginn seiner Präsidentschaft die „Post-Mandela-Ära" vor, da er nach Ablauf der fünfjährigen Amtsperiode mit 81 Jahren kein zweites Mal kandidieren wollte. In seinem Ruhestand möchte er Dinge tun, die er vermisst hat, zum Beispiel mit seinen Kindern, Enkeln und Urenkeln und seiner Familie zusammen sein.

LITERATUR
Hagemann, Albrecht: Nelson Mandela. Reinbek 1995.
Kaiser, Andrea/ Müller, Thomas O. H.: Das neue Südafrika – Politische Portraits. Bonn 1992.
Mandela, Nelson: Der lange Weg zur Freiheit. Frankfurt/Main 1994.
Meredith, Martin: Nelson Mandela – ein Leben für Frieden und Freiheit. München 1998.

Rüdiger Nehberg

Rüdiger Nehberg ist vielen Menschen als Survivalspezialist und „Abenteurer mit Sinn" bekannt. Sein Wissen um Überlebenstechniken ist ihm unentbehrliches „Handwerkszeug" bei seinen weltweiten Aktionen für die Menschenrechte. Für seinen 20-jährigen Einsatz für Menschenrechte bekam er 2001 den „Weitsichtpreis" verliehen, einen Menschenrechtspreis. Er sieht darin den Auftrag, sich bis an sein Lebensende für die Rechte bedrohter Menschengruppen einzusetzen. Inzwischen hat er eine eigene Menschenrechtsorganisation gegründet: TARGET („Ziel"). Er möchte damit noch viele gezielte Aktionen für die Durchsetzung von Menschenrechten starten. Zusammen mit seiner Lebenspartnerin Annette Weber baute er eine Krankenstation bei den Waiapi-Indianern. Seine wichtigste Aufgabe sieht er zur Zeit im Kampf gegen die Beschneidung von Kindern und Frauen in Afrika.

Rüdiger Nehberg gibt sein Wissen und seine Erlebnisse gern weiter. Er kommt an Schulen und hält dort informative und spannende Vorträge über Survival und Menschenrechtsaktionen. Dabei möchte er Mädchen und Jungen zeigen, wie man sein Leben abenteuerlich gestalten und sich gleichzeitig für andere Menschen einsetzen kann. Auch geht es ihm darum, Kindern zu ermöglichen, Liebe und Achtung gegenüber der Natur zu entwickeln sowie eigenes Selbstbewusstsein und Unabhängigkeit zu stärken.

LITERATUR
Von Rüdiger Nehberg gibt es 16 Bücher zum Thema Survival und Menschrechtsaktionen sowie 15 TV-Filme, darunter:
Nehberg, Rüdiger: Mit dem Baum über den Atlantik. Hamburg 20002.
Nehberg, Rüdiger: Yanomami. München 1998.
Nehberg, Rüdiger: Survival-Abenteuer vor der Haustür. München 1999.
Internet: www.ruediger-nehberg.de

KONTAKTADRESSE
Rüdiger Nehberg
Großenseer Str. 1a
22929 Rausdorf
Tel.: 04154-999940
ruediger.nehberg@target-human-rights.com
→ Karlheinz Böhm
→ Waris Dirie
→ Christina Haverkamp

Alexander Sutherland Neill

Alexander Sutherland Neill wurde am 17. Oktober 1883 in Schottland geboren und starb am 23. September 1973. Er arbeitete als Lehrer an verschiedenen Schulen. Sein Leben lang setzte er sich mit pädagogischen und psychologischen Fragen auseinander.

Er schrieb Artikel für verschiedene Zeitschriften, hielt Vorlesungen und veröffentlichte zahlreiche Bücher über Kinder- und Jugendpsychologie sowie über Erziehungsfragen. Prägend für seine spätere Schulgründung war 1916 das Zusammentreffen mit dem amerikanischen Erzieher Homer T. Lane, der die Besserungsanstalt „Little Commonwealth" für jugendliche Verbrecher leitete. Von Lane übernahm Neill die hohe Betonung von Selbstverantwortung und Selbstverwaltung sowie die zentrale Instanz „Schulversammlung" zur Regelung des Schullebens in Summerhill. In den 20er Jahren begann Neill eine Psychoanalyse und hatte Kontakt mit Alfred Aichhorn, Otto Rank, später auch mit Wilhelm Reich. Diese Begegnungen wirkten sich auf seine Erziehungsgrundsätze bezogen auf Sexualmoral und Lernpsychologie aus.

Neill war gegen jede Beeinflussung von Kindern, vor allem was Glaubensfragen und das Ausleben kindlicher Sexualität angeht. In seiner Schule war die Teilnahme am Unterricht freiwillig. Nach „Summerhill" kamen vorwiegend schwierige Kinder und so genannte „Schulversager". In den Anfangsjahren besaß sein Schulvorhaben von der Außenwelt äußerst kritisch beäugten Experimentiercharakter.

Bis heute erlebt Summerhill Höhen und Tiefen. 1939 wurde es von der Armee beschlagnahmt und verlegt. Eine Rückkehr erfolgte erst im August 1945. Es gab wiederholte Finanzkrisen und behördliche Kontrollinspektionen. Auch jetzt noch ist Summerhill von Zeit zu Zeit von Schließung bedroht.[1]

Berühmt wurde Neill als geistiger Vater der „Antiautoritären Erziehung". Ihm ist es gelungen, Schule zu verändern. In seiner Autobiografie „Neill, Neill, Birnenstiel!" betont er, wie wichtig ihm seine Arbeit als Beitrag zur Auflösung des Generationenkonfliktes ist. Es soll keinen Hass zwischen Jung und Alt sowie keine Angst an Schulen geben. Er fordert LehrerInnen auf, ehrlich zu sich selbst zu sein „und die schützende Rüstung abzulegen, die sie über Generationen hin getragen haben, um sich von ihren Schülern abzusondern".

ANMERKUNG
1) Aktuelle Informationen zur Entwicklung von Summerhill findet man unter www.s-hill.demon.co.uk/index.htm

LITERATUR
Kühn, A.: Alexander S. Neill. Hamburg 1995.
Ludwig, P. (Hrsg.): Summerhill: Antiautoritäre Pädagogik heute – Ist die freie Erziehung tatsächlich gescheitert? Weinheim 1997.
Neill, A.S.: theorie und praxis der antiautoritären erziehung – das beispiel summerhill. Hamburg 1971.
Neill, A. S.: Neill, Neill, Birnenstiel! – Erinnerungen des großen Erziehers. Hamburg 1973.

Pablo Neruda

Pablo Neruda wurde am 12. Juli 1904 in Parral geboren und starb am 23. September 1973 in Santiago de Chile. Sein eigentlicher Name war Ricardo Eliecer Neftali Reyes Basoalto. Den diplomatischen Dienst als Konsul begann Pablo Neruda in Asien. Später war er als Konsul in Spanien tätig. 1936 enthob ihn die chilenische Regierung seines Amtes, da er sich im Spanischen Bürgerkrieg (1936–39) für die Republikaner engagierte. Er gründete 1937 in Paris die „Hispanoamerikanische Gruppe zur Hilfe Spaniens". Nach einem Regierungswechsel in Chile wurde Pablo Neruda 1939 erneut zum Konsul ernannt und nach Paris entsandt, wo es ihm gelang, einigen tausend spanischen Flüchtlingen zur Auswanderung nach Chile zu verhelfen.

1948 trat er in die Kommunistische Partei ein und wurde in Chile in den Senat gewählt. Wegen seiner Kritik an der Regierung Gonzáles Videlas wurde ein Haftbefehl gegen ihn erlassen. Ein Jahr lang verbarg sich Pablo Neruda im Land, dann entkam er über die Kordilleren nach Argentinien. Während seines dreijährigen Exils bereiste er die Länder des Ostblocks, Europas, Mittelamerikas und Asiens. Er engagierte sich in der Weltfriedensbewegung und wurde Mitglied des Weltfriedensrates.

1952 wurde der Haftbefehl aufgehoben und Neruda konnte nach Chile zurückkehren.

1970 wurde mit knapper Mehrheit Salvador Allende Gossens zum Staatspräsidenten von Chile gewählt. Neruda vertrat die Regierung Allende von 1970–73 als Botschafter in Paris. Salvador Allende war bestrebt, Chile auf marxistischer Grundlage umzugestalten. Gegen Allendes Politik waren vor allem die mittelständischen Schichten. Zur zunehmenden innenpolitischen Krise trugen terroristische Aktionen rechter und linker Gruppen bei. In einem blutigen Putsch am 11. September 1973 stürzte die Armee, unterstützt von der CIA, unter der Führung von Augusto Pinochet die Regierung Allende.

Salvador Allende starb bei der Verteidigung des Regierungspalastes gegen die Putschisten. Bis heute ist ungeklärt, ob er von den Angreifern getötet wurde oder Selbstmord beging. Nur zwölf Tage später starb Pablo Neruda an einem Krebsleiden.

Pablo Nerudas Leben und seine Gedichte sind eng mit den Menschen, der Politik und dem Frieden in der Welt verbunden. 1971 erhielt er den Nobelpreis für Literatur.

LITERATUR
Garscha, Karsten (Hrsg.): Der Dichter ist kein verlorener Stein. Über Pablo Neruda. Darmstadt/Neuwied 1981.
Neruda, Pablo: Ich bekenne, ich habe gelebt. Darmstadt 1987.

Michael Ohl

Michael Ohl wurde am 13. Juni 1966 in Wuppertal geboren. Dort verbrachte er seine ersten sieben Lebensjahre. Es folgte ein Umzug nach Bayern, von der Stadt aufs Land.

Nach dem Abitur absolvierte er seinen Zivildienst in der Psychiatrie, um danach das Studium der Geoökologie aufzunehmen. Er wechselte das Studienfach und studierte Psychologie. Beide Studien brach er ab, um eine Ausbildung zum Gärtner zu machen.

Der Super-GAU in Tschernobyl und der Giftmüllunfall im italienischen Seveso sowie viele Reisen in die Dritte Welt ließen das Bedürfnis wachsen, etwas für die Menschen und die Erde zu tun. Bäume sind für Michael Ohl die Grundlage allen Wachstums. Mit seinem Onkel Hans-Joachim Gabriel, der von Beruf Landschaftsgestalter ist, reiste er zwei Jahre lang durch Europa, wobei sie insgesamt 250.000 Baum-Setzlinge in Großbritannien, Irland, den Beneluxländern, der Schweiz, Rumänien, Bulgarien, Zypern, der Türkei und Griechenland pflanzten. Diesem groß angelegten Projekt gingen viele Verhandlungen mit Regierungen und Gemeinden voraus, um die Erlaubnis für die Pflanzungen zu erhalten. Bei einem weiteren Projekt wurden 1997 30.000 Bäume in „Ti Rivière" auf Haiti gepflanzt. Michael Ohl plant weitere Reisen – zunächst nochmals nach Haiti –, bei denen er Bäume pflanzen will.

LITERATUR
Persönliche Angaben und Artikel aus dem Weser Kurier vom 13.07.1997: „Neue Bäume statt Pina Colada"

Andrej Dmitrijewitsch Sacharow

Andrej Dmitrijewitsch Sacharow wurde am 21. Mai 1921 in Moskau geboren und starb dort am 14. Dezember 1989. Er war als Physiker führend an der Entwicklung der sowjetischen Wasserstoffbombe beteiligt. Durch seinen Essay „Gedanken über Fortschritt, friedliche Koexistenz und geistige Freiheit" kam es 1968 zu einem offenen Bruch mit seiner Vergangenheit und mit der Regierung. Sacharow wurde als Bürgerrechtler eine Kultfigur im Einsatz für Humanität und Freiheit.

Nach dem Tode seiner ersten Frau heiratete er Jelena Bonner, deren Familie schon in der sechsten Generation gegen den Staat opponierte. Durch Jelena Bonner erhielt Sacharow große Unterstützung.

1970 gründete er ein Komitee zur Durchsetzung der Menschenrechte in der UdSSR. Die Zwei-Zimmer-Wohnung der Sacharows wurde zum Zufluchtsort zahlreicher Hilfesuchender. Andrej Sacharow und Jelena Bonner nahmen an vielen Protestaktionen für politisch Verfolgte teil. Mehrmals wandte sich Sacharow an den Obersten Sowjet und forderte die freie Ausreise und eine Amnestie für politische Häftlinge. Durch Interviews mit internationalen Zeitungen trat er an die Weltöffentlichkeit und bat um Hilfe für politisch Andersdenkende.

1975 erhielt er den Friedensnobelpreis. Der Druck der Behörden auf Sacharow wurde trotzdem stärker. Zeitweise wurde sein Telefon abgestellt und die Post zurückgehalten. Den Kindern Jelena Bonners wurde das Studium an der Universität verweigert, der Schwiegersohn bekam keine Arbeitsstelle. Außerdem erhielt die Familie Morddrohungen.

Im Januar 1980 wurde Sacharow auf offener Straße verhaftet und zur Verbannung verurteilt. Auflagen der Verbannung waren eine ständige Überwachung und das Verbot, die Stadtgrenze von Gorkij zu überschreiten. Sacharow durfte nicht mit Ausländern zusammentreffen und brieflich oder telefonisch mit ihnen Kontakt aufnehmen. Er durfte nicht mit seinen Kindern oder Enkeln telefonieren. Dreimal im Monat musste er sich bei der Polizei melden. Tag und Nacht wurde vor der Tür Sacharows Wache gehalten, so dass niemand eintreten durfte außer Familienmitgliedern und zwei Freunden, die ebenfalls in Gorkij lebten. Überall in der Wohnung gab es Abhöranlagen, zeitweise wurden die Sacharows auch heimlich gefilmt.

Da Jelena Bonner in den ersten Jahren nicht verbannt wurde, konnte sie als Kurierin für Sacharow zwischen Gorkij und Moskau hin- und herreisen. Jelena Bonner musste wegen eines Augenleidens in Italien dringend operiert werden, außerdem erlitt sie einen Herzinfarkt und brauchte gute ärztliche Versorgung. 1982 stellte sie einen Antrag auf Ausreise. Dieser blieb unbeantwortet, stattdessen wurde sie 1984 verhaftet und ebenfalls zur Verbannung verurteilt. In seiner Not trat Sacharow mehrmals in den Hungerstreik. Es war für ihn das einzige Mittel, die Ausreise seiner Frau zu erzwingen und dadurch ihre Operation zu ermöglichen. Ende 1985 durfte Jelena Bonner ausreisen.

Nach seiner Rehabilitierung wurde Sacharow 1989 Abgeordneter im Kongress der Volksdeputierten.

LITERATUR
Bailey, George: Sacharow. Der Weg zur Perestroika. München 1988.
Bonner, Jelena: In Einsamkeit vereint. München 1986.
Brandis, Sylvia: Andrej D. Sacharow. Pionier der Perestrojka. In: Neumann, Michael (Hrsg.): Der Friedens-Nobelpreis von 1975–1978. Zug 1992. S. 34–121.
Sacharow, Andrej: Mein Leben. München 1991.

Albert Schweitzer

Albert Schweitzer wurde am 14. Januar 1875 in Kaysersberg/Oberelsass geboren und starb am 4. September 1965 in Lambarene (Gabun). Schweitzers Interessen waren weit gefächert. Er war Theologe, Philosoph, Musikforscher, Organist und später auch noch Mediziner.

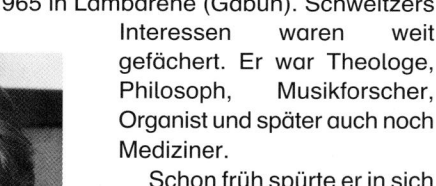

Schon früh spürte er in sich ein starkes Bekenntnis zu religiösen Empfindungen, so dass er sich 1893 entschloss, Theologie und Philosophie zu studieren. Er promovierte 1899 zum Dr. phil. über die Religionsphilosophie Kants, ein Jahr später legte er seine Theologieprüfung ab.

Parallel zu diesem Studium ging er seinem zweiten großen Interesse nach – der Musik. Er nahm Unterricht bei dem berühmten Organisten Widor.

Nach seinem Studium arbeitete er zwölf Jahre als Vikar und war außerdem Privatdozent an der Universität. Seine freie Zeit nutzte er, um sich musikalisch weiterzubilden. Als erfolgreicher Forscher und anerkannter Schriftsteller entschloss er sich, sein bisheriges Leben abzubrechen und als Arzt nach Afrika zu gehen. So studierte er von 1905–1912 Medizin und anschließend noch ein Jahr Tropenmedizin.

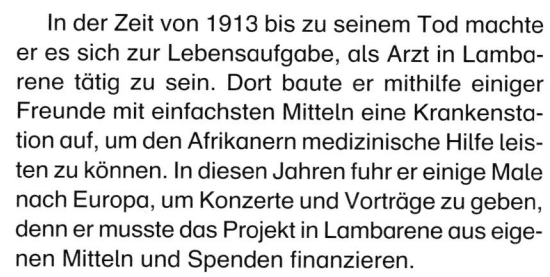

In der Zeit von 1913 bis zu seinem Tod machte er es sich zur Lebensaufgabe, als Arzt in Lambarene tätig zu sein. Dort baute er mithilfe einiger Freunde mit einfachsten Mitteln eine Krankenstation auf, um den Afrikanern medizinische Hilfe leisten zu können. In diesen Jahren fuhr er einige Male nach Europa, um Konzerte und Vorträge zu geben, denn er musste das Projekt in Lambarene aus eigenen Mitteln und Spenden finanzieren.

1952 wurde ihm der Friedensnobelpreis verliehen.

LITERATUR
Baehr, Walter: Begegnung mit Albert Schweitzer: Berichte und Aufzeichnungen. München 1965.
Goetting, Gerold: Albert Schweitzer, Pionier der Menschlichkeit. Berlin 1979.
Steffahn, Harald: Albert Schweitzer in Selbstzeugnissen und Bilddokumenten. Reinbek bei Hamburg 1979.

Sitting Bull

Sitting Bull, indianisch Tatanka Yotanka („Sitzender Büffel") wurde um 1830 am Grand River in South Dakota geboren. Genauere Angaben zu seinem Geburtsdatum existieren nicht, da für einen Indianer Geburtsjahr und Geburtsort unwichtig sind. Er war Häuptling und Medizinmann der Hunkpapa-Sioux, eines der mächtigsten Indianerstämme der nördlichen Prärie. Die Hunkpapa-Sioux setzten den weißen Eroberern des Westens der USA den nachhaltigsten Widerstand entgegen. Seit den 1860er-Jahren war Sitting Bull einer der Führer der indianischen Freiheitskämpfe. 1876 brachte er, zusammen mit den Cheyenne, den Truppen von Lieutenant-Colonel Custer in der berühmten Schlacht am Little Big Horn River eine verheerende Niederlage bei.

Sitting Bull galt als wichtige Integrationsfigur sowie als geschickter Diplomat. Berühmt war er für seine enorme geistige Kraft. 1890 breitete sich über den ganzen amerikanischen Westen die „Ghost Dance Religion" als indianische Wiedererweckungsbewegung aus. Die Regierung hielt Sitting Bull für den Anführer dieser Bewegung. Sie schickte am 15. Dezember 1890 40 Sioux-Polizisten – Indianer, die sich auf die Seite der Weißen geschlagen hatten –, um Sitting Bull zu verhaften. Als sich der Häuptling seiner Verhaftung widersetzte, wurde er durch die Hand eines Mannes seines eigenen Volkes erschossen.

LITERATUR
Engel, Elmar: Sitting Bull und Sioux. Göttingen 1995.
Freedman, Russell: Die großen Häuptlinge. Hamburg 1997.
Oth, René: Das große Indianer-Lexikon. Würzburg 1979.

Henry David Thoreau

Henry David Thoreau wurde 1817 in Concord, Massachusetts, als Sohn einer künstlerischen, naturliebenden Mutter und eines Bleistiftfabrikanten geboren. Gegen den Wunsch seines Vaters studierte er Sprachen und Literatur, arbeitete als Volksschullehrer. Vehement wehrte er sich gegen die Prügelstrafe und ihm wurde gekündigt. Gemeinsam mit seinem Lieblingsbruder John gründete er eine Privatschule, in der sie Konzepte ganzheitlichen Lernens verwirklichten, wie sie auch in der heutigen Pädagogik angestrebt werden. Sein Bruder starb bald an Tuberkulose; so wurde die Schule geschlossen. Henry arbeitete als Hauslehrer und in der Fabrik seines Vaters.

Mit 28 Jahren zog er für einige Jahre in eine primitive, selbst gebaute Waldhütte, die nur etwa zwei Meilen von Concord entfernt lag. Zwar lebte er hier nicht autark, aber er widmete sich in Einsamkeit ganz dem Genuss und dem Studium seiner geliebten Natur. Zu einer Zeit, als die Notwendigkeit von Umweltschutz noch kaum ein öffentliches Thema war, entwickelte er schon intuitive ökologische Einsichten. Er studierte wie besessen die Natur, um mystisch-kontemplativ Einheit, Fülle und Gesetz alles Seienden zu schauen. Stets pflegte er die Fähigkeit, sein Lebenstempo zu verlangsamen, im Hier und Jetzt bewusst da zu sein und zu staunen. „Das Höchste, was wir erreichen können, ist nicht Wissen, sondern Einklang verbunden mit Einsicht." (Feldhoff 1989, S. 96)

Zeitlebens übte er zivilen Ungehorsam, zu dem er auch andere öffentlich aufforderte. Er gilt als eigensinniger, staatskritischer und mündiger Freidenker, dessen Essays über die Würde des einzelnen Menschen so aktuell klingen, als wären sie heute geschrieben. Als Begründer des zivilen Ungehorsams wurde er zum Vorbild für Gandhi und Martin Luther King. Sein Leben war engagiert, unabhängig und sinnerfüllt. In Frieden mit seinem Schicksal starb er 1862.

LITERATUR
Feldhoff, Heiner: Vom Glück des Ungehorsams – Die Lebensgeschichte des Henry David Thoreau. Basel 1989.
Thoreau, H. D.: Walden oder das Leben in den Wäldern. Zürich 1979 (am. Original 1854).
Thoreau, H. D.: Über die Pflicht zum Ungehorsam gegen den Staat. Zürich 1967 (am. Original 1849–1860).

Georgos Vithoulkas

Georgos Vithoulkas wurde 1932 in Athen geboren. Nach einer Kindheit voller traumatischer Erlebnisse baute sein beruflicher Werdegang auf der Verarbeitung eigener schmerzlicher Erfahrung auf. Während seiner Tätigkeit als Bauingenieur in Südafrika erkrankte er schwer. In der Schulmedizin fand er keine Hilfe. Von einem homöopathischen Arzt jedoch wurde er vollständig geheilt. Daraufhin entschloss er sich, selbst Mediziner zu werden und sich ganz der Homöopathie zu widmen.

Die Fachrichtung der klassischen Homöopathie studierte er vor allem in Südafrika, Indien und der Schweiz. Zurück in Griechenland (1967) gründete der approbierte Arzt 1970 die „Athenische Schule für homöopathische Medizin", wo er seither über 15.000 MedizinerInnen fortgebildet hat. Zielstrebige Forschungen und große Erfolge trugen ihm schnell Ansehen bei Kapazitäten in Europa und den USA ein. Gestützt auf die überraschenden Heilerfolge, die seine Methode vorweisen konnte, begann seine zunächst europaweite Lehrtätigkeit. Nachdem er 1974 für besondere Verdienste um die Ausbildung homöopathischer Ärzte ausgezeichnet wurde, organisierte er 1976 das erste internationale homöopathische Seminar. Seitdem finden diese Seminare mit TeilnehmerInnen aus mehr als 20 Ländern statt. 1995 wurde die „Internationale Akademie für klassische Homöopathie" eröffnet. Am 9. Dezember 1996 wurde Georgos Vithoulkas in Stockholm der Alternative Nobelpreis verliehen. Er hält regelmäßig Seminare auf der griechischen Insel Allonisos, in den USA, in England, Belgien, Norwegen und anderen Orten.

LITERATUR
Vithoulkas, Georges: Medizin der Zukunft. Kassel 1997.
Vithoulkas, Georges: Die wissenschaftliche Homöopathie. Göttingen 1993.
Vithoulkas, Georges: Die neue Dimension der Medizin. Kassel 1997.
Internet: www.gvs.net/seidenbuch.html

Waschaki

Waschaki wurde etwa 1805 im Bitterroot Valley (Montana) geboren und starb am 20. Februar 1900 in der Wind River Reservation (Wyoming). Er war noch ein kleiner Junge, als sein Vater von befeindeten Indianern getötet wurde. Seine Mutter flüchtete mit ihren fünf Kindern zu ihrem Stamm, den östlichen Schoschoni. Dieser Stamm pflegte schon lange freundschaftliche Beziehungen zu den Weißen. In seiner Jugend beteiligte sich Waschaki gerne an kriegerischen Auseinandersetzungen mit befeindeten Stämmen. Eine Geschichte der

Schoschoni erzählt, dass Waschaki befeindete Krieger über 600 km von Wyoming nach Montana verfolgte. Er war nicht nur ein mutiger Krieger, sondern auch berühmt als begabter Redner und Sänger. 1848 wurde er Oberhäuptling der Schoschoni.

Mitte des 19. Jahrhunderts kam es zu großen Veränderungen in der Heimat der Schoschoni. Immer größere Gruppen weißer Auswanderer zogen auf dem Oregon Trail nach Kalifornien und Oregon. Ihr Weg führte mitten durch das Gebiet der Schoschoni. Während die Weißen auf ihrem Treck oft von Indianerstämmen angegriffen wurden, hatten sie im Gebiet der Schoschoni nichts zu befürchten. Denn Waschaki hatte seinen Kriegern verboten, die Weißen anzugreifen. Einige schlossen sich trotzdem mit anderen Indianern zu Banden zusammen und überfielen Trecks. Die Armee übte blutige Vergeltung. Dies führte 1862 zu einem offenen Krieg.

Waschaki sorgte dafür, dass es zu Friedensverhandlungen kam. Er wollte sein Volk zusammenhalten und ihm wenigstens ein fruchtbares Gebiet in ihrem Land sichern. Deshalb suchte er die Kooperation mit den Weißen als Lösung in der Auseinandersetzung um den Lebensraum. 1868 unterzeichnete er einen Vertrag zur Umsiedlung der Schoschoni vom Green River weiter nach Norden zum Wind River.

Feindliche Stämme, vor allem die Lakota, verhinderten drei Jahre, dass die Schoschoni in ihr neues Land ziehen konnten. Aus Vergeltung stellte Waschaki Krieger seines Stammes zusammen, die u. a. als Fährtenleser für die Armee arbeiteten. Sie waren auch an den Kämpfen 1876 am Rosebud River und 1878 in den Big-Horn-Bergen auf Seiten der US-Armee beteiligt.

Waschaki wurde von den Weißen ausgezeichnet. Er war aber am Ende seines Lebens von ihnen sehr enttäuscht, weil sie ihre Verträge nicht eingehalten hatten.

LITERATUR
Freedman, Russell: Die großen Häuptlinge. Hamburg 1997.

Ernst Ulrich von Weizsäcker

Ernst Ulrich von Weizsäcker wurde am 25. Juni 1939 in Zürich geboren. Während des Zweiten Weltkriegs lebte die Familie zwischen 1939–43 in verschiedenen Orten in Deutschland. Nach 1943 zog die Familie wieder in die vom Krieg verschonte Schweiz. Nach dem Besuch eines Altsprachlichen Gymnasiums begann E. U. von Weizsäcker ein Chemiestudium. Das brach er nach kurzer Zeit ab, um Physik studieren zu können. Nach Abschluss des Studiums promovierte er in Biologie.

E. U. von Weizsäcker arbeitete für den SPD-Landesvorstand von Baden-Württemberg. Dort wurde er 1969 beauftragt, einen Beitrag zur Hochschulreform zu leisten. Während dieser Zeit entwickelte er mit anderen gleich gesinnten Wissenschaftlern das „Baukastensystem" – die Aufspaltung eines fertigen Produkts in einige wenige dosierbare Komponenten – die dann je nach Bedarf im entsprechenden Verhältnis verwandt werden können. Durch die angemessene Proportion der Komponenten werden Substanzen und Energien optimal ausgenutzt (z. B. beim Waschmittel-Baukasten-System, wo Lauge, Wasserenthärter und Bleiche getrennt sind).

Nach dem Super-GAU in Tschernobyl (1986) und dem Bekanntwerden des Treibhauseffekts kam er nach vielen Diskussionen zu der Erkenntnis, dass Energie zu billig sei und schlug daraufhin als Erster eine ökologische Steuerreform vor.

1996 brachte er mit dem Wissenschaftler-Ehepaar Amory B. Lovins und L. Hunter Lovins das Buch „Faktor vier" heraus, in dem aufgezeigt wird, wie natürliche Ressourcen um mindestens das Vierfache besser genutzt werden könnten. In diesem Buch werden viele praktische Beispiele für eine ökologischere Nutzung vorhandener Energieressourcen vorgestellt und beschrieben. Alle drei gehören dem Club of Rome an, dessen Mitglieder – meist WissenschaftlerInnen und PolitikerInnen – sich für den Erhalt der Erde einsetzen und ihre Forschungen auf eine ressourcenschonende, ökologisch-verträgliche Wirtschaftspolitik konzentrieren. E. U. von Weizsäcker ist durch viele Preise geehrt worden, die er insbesondere für seine Arbeit als Wissenschaftler erhielt. Er ist seit 1969 verheiratet, hat fünf Kinder, wovon eines adoptiert worden ist.

LITERATUR
Persönliche Angaben/Befragung von E. U. von Weizsäcker
Weizsäcker, E. U.: Faktor vier. Darmstadt 1997.
Weizsäcker, E. U.: Eine neue Politik für die Erde. Freiburg 1999.
Weizsäcker, E. U.: Das Jahrhundert der Umwelt. Frankfurt 1999.

Klaus von Wrochem

Klaus von Wrochem wurde 1940 in Dippoldiswalde bei Dresden geboren. Er lebt heute in Köln. Als Straßenmusiker ist er unter dem Namen Klaus der Geiger bekannt.

Kurz vor der Abschlussprüfung an der Musikhochschule verteilte Klaus von Wrochem ein Papier, in dem er mit der unpersönlichen Pädagogik eines Lehrers abrechnete. Daraufhin wurde er von der Hochschule gewiesen. Kurz darauf nahm er Kontakt zu Karl-Heinz Stockhausen und Mauricio Kagel auf, die ihm den Zugang zur Neuen Musik eröffneten. Durch die Vermittlung Mauricio Kagels erhielt er eine Anstellung als Musiker an der Universität von Buffalo im Staat New York. Im Anschluss daran arbeitete er als Musiker an der Universität San Diego und im Sinfonieorchester von San Diego (Kalifornien). Zusammen mit anderen Musikern experimentierte Klaus von Wrochem in der Neuen Musik. Sie fingen z. B. kosmische Strahlen auf und machten sie hörbar oder schrieben eine Reihe von Multimedia-Stücken.

Nach anfänglicher Begeisterung für die amerikanische Lebensart wurde Klaus von Wrochem zunehmend kritischer. Er beteiligte sich an Demonstrationen gegen soziale Ungerechtigkeit, Rassendiskriminierung und den Vietnamkrieg. Die Folge waren Schwierigkeiten an der Universität und im Sinfonieorchester. Sein Einwanderungsgesuch wurde abgelehnt und er musste mit seiner Familie nach Deutschland zurückkehren. Nach seiner Rückkehr aus den USA brach er ganz mit dem bürgerlichen Leben. Er engagierte sich bei verschiedenen Aktionen zum Beispiel gegen den Ausbau des Flughafens Köln/Bonn, gegen die Wohnungspolitik in Köln oder für die Klagemauer des Friedens vor dem Kölner Dom. Aufgrund seiner Popularität kann er von seinen Gegnern in der Politik und Bürokratie nicht mehr einfach abgetan werden. Deshalb versuchen sie, ihm die Narrenfreiheit eines „Originals" zuzugestehen.

Im Jahre 1995 flog Klaus der Geiger auf eine Einladung hin nach Japan und spielte dort für die Obdachlosen in Tokio und anderen Städten. Er veröffentlichte zahlreiche Langspielplatten und Liederbücher.

LITERATUR
Klaus der Geiger: Deutschlands bekanntester Straßenmusiker erzählt. Köln 1996.
→ Walter Herrmann

Muhammad Yunus

Muhammad Yunus wurde 1940 in Bangladesh, einem weitgehend muslimisch geprägten Staat geboren. Er studierte in den USA Wirtschaftswissenschaften. Als Professor dieser Fakultät kehrte er in seine Heimat zurück.

Bangladesh zählt mit einem Pro-Kopf-Einkommen von 220 US-Dollar pro Jahr zu den ärmsten Ländern dieser Welt.

Die von Muhammad Yunus im Jahr 1983 gegründete Grameen-Bank zeichnet sich durch Besonderheiten in der Kreditvergabe wie folgt aus:
– 5 % der Kreditsumme werden in einen Gruppenfonds eingezahlt, über den die Gruppe von KreditnehmerInnen selbst verfügen kann.
– 25 % der Zinsen fließen in Notfallfonds, die bei Krankheiten oder Todesfällen in Anspruch genommen werden können.
– In den „children's welfare fund" wird pro Woche ein Taka (23 Taka – 1 DM) eingezahlt. Hiervon sollen langfristig Schulen eingerichtet werden.

Der Anteil der Frauen an den KreditnehmerInnen ist kontinuierlich gestiegen (1983: 38 %, 1988: 86 %, 1993: 94 %).

Zur Zeit arbeitet Yunus an einem neuen Projekt. Er will Frauen in Bangladesh mithilfe von ihm gesammelter gebrauchter Handys und fraueneigener Telefongesellschaften in die Lage versetzen, sich gegenseitig zu unterstützen und besonders bei den im Land häufig vorkommenden Überschwemmungen rechtzeitig zu warnen.

Muhammad Yunus wurde von US-Präsident Clinton für den Nobelpreis vorgeschlagen.

LITERATUR
Die Grameen-Bank: Entwicklungsgeschichte. Philosophie und Konzept. Hrsg. vom Bundesministerium für wirtschaftliche Zusammenarbeit und Entwicklung Bonn.
Don, Kerstin: Märchen aus der Wirklichkeit. In: Forum. April – Juni 1997.
Hein, Christoph: Kredite sind ein Menschenrecht. In: Die Welt. 19. Dez. 1994.
Wendehuller, Maria: Die Bank der Armen macht Karriere. In: Die Welt. 31. März 1993.
Yunus, Muhammad: Die Ermächtigung der Armen – Rede von M. Y. beim State of the World Forum in San Francisco am 5. Okt. 1996.